MIX
Papier aus verantwortungsvollen Quellen
FSC® C006701
www.fsc.org

2. Auflage

www.conbook-verlag.de
www.fettnaepfchenfuehrer.de

Projektleitung: Julia Kaufhold
Lektorat: Stephan Ditschke
Einbandgestaltung: David Janik, Linda Kahrl
unter Verwendung von Lizenzmaterial © istockphoto.com/Mlenny
Satz: Reihs Satzstudio, Lohmar
Druck und Verarbeitung: Ebner & Spiegel GmbH, Ulm

Printed in Germany

ISBN 978-3-934918-77-1

FETTNÄPFCHENFÜHRER

Sophie von Vogel

KANADA

Wenn's im Land der Weite eng wird

Weite, Wildnis und Toleranz – kaum ein Land auf dieser Welt weckt so großes Fernweh wie Kanada mit seinen unendlichen Wäldern, den kristallklaren Seen, mit seinen abenteuerlustigen Männern in Holzfällerhemden und dem vielen, vielen Platz. Falsch machen kann man in solch einem unkomplizierten Land doch eigentlich nichts, *eh?*

Doch was passiert, wenn man es mit der Wildnis übertreibt und sein Zelt mitten im Wald aufschlägt? Was, wenn man sich auf die Suche nach dem typischen Kanadier macht? Und sei es nur, um sich mit dessen Schaufel, die er stets in seinem Wagen spazieren fährt, aus den Schneemassen zu buddeln. Nur fangen Sie dabei bloß kein Gespräch über Fußball an – das spielt hier kein Mensch. Oder?

Lehnen Sie sich mit einer Tüte salzigem Popcorn und einer Flasche Moosehead Lager entspannt zurück und schlittern Sie mit unserer Protagonistin Mareike während ihres Work-&-Travel-Jahres über die Ice Road der kanadischen Kultur. Da kann sie noch so viele Pancakes mit Ahornsirup verdrücken und sich wie eine waschechte Kanadierin fühlen – wer einmal auf Glatteis unterwegs ist, rutscht unaufhaltsam in die lauernden Fettnäpfchen.

»Eine unterhaltsame Lektüre, humorvoll und ohne erhobenen Zeigefinger geschrieben. Kanada-Fans wird es zum Schmunzeln bringen und die eine oder andere Erinnerung wachrufen.«
(Julia Schoon, Faszination Kanada Blog)

Sophie von Vogel studierte Romanistik, Kommunikationswissenschaft und Politik in Münster und Montréal. Nach ihrem Magisterabschluss kehrte sie nach Kanada zurück und arbeitete dort als Übersetzerin und Redakteurin für verschiedene Verlage. Ihre große Leidenschaft ist es, das Leben in fremden Ländern zu erkunden, deshalb reist sie so viel wie möglich. Sie lebt und arbeitet in Hamburg.

Inhalt

Inhalt

Inhalt

Inhalt

1 Wie viel Spaß versteht ein Zollbeamter?

Formulare und Käsebrötchen

Ein spitzer Gegenstand bohrt sich unsanft in Mareikes Schulter.

»Nur noch fünf Minuten, Max«, murmelt sie verschlafen.

Sie ist doch gerade erst eingenickt. Dieser blöde Kater. Kann er sie nicht einmal schlafen lassen? Das Bohren lässt nicht nach, sondern wird zu einem penetranten Piksen.

Unwillig öffnet Mareike ein kleines bisschen das rechte Auge und fährt vor Schreck zusammen, als sie in die großen Kulleraugen eines kleinen Jungen blickt, der so nah ist, dass sich ihre Nasenspitzen beinahe berühren. Das ist weder ihr Kater Max noch liegt sie in ihrem Bett im vertrauten Frankfurt. Stattdessen klemmt sie in einem ungemütlichen Flugzeugsitz und ihr Kopf ist in Richtung des Nachbarsitzes gerutscht, von wo aus sie ein kleiner Junge mit seiner Spider-Man-Figur in die Schulter pikst. Der hat sie schon während des ganzen Flugs genervt. Erst hat er ein furchtbar lautes Computerspiel gespielt, dann ewig herumgezappelt, geweint und schließlich wieder Computer gespielt.

»Mama, la chica tiene los ojos bien azules« – Mama, das Mädchen hat ganz blaue Augen, quäkt der kleine Junge auf Spanisch.

»Mon chéri, laisse la dame dormir« – Schätzchen, lass die Dame schlafen, antwortet die Mutter etwas erschöpft auf Französisch.

Wie lustig, dass die beiden zwei Sprachen miteinander sprechen, denkt Mareike. Ihr Französisch ist eigentlich gar nicht so schlecht, die Mutter hat sie jedoch nur mit Mühe verstanden.

Neugierig lugt Mareike durch das kleine Flugzeugfenster nach draußen und ist auf einmal hellwach. Stundenlang sind sie über eine dicke Wolkendecke geflogen, durch die man nicht einmal ein kleines bisschen hindurchlinsen konnte. Jetzt hat sich die Aussicht radikal verändert. Unter ihnen erstrecken sich schier endlose Wälder, kleine Seen und Flüsse, die sich durch die wilde Landschaft schlängeln. Das Flugzeug folgt einem sehr breiten Strom, der sich langsam zu einem Fluss verengt.

Kanada! Was für eine Weite! Ewig hat Mareike sich auf diese Reise gefreut. Ein Jahr in einem fremden Land, raus aus dem deutschen Alltag, rein ins Abenteuer der kanadischen Wildnis! Zwischendurch muss sie sich aber noch ein kleines finanzielles Polster erarbeiten. Deshalb will Mareike ihre Reise in Montréal beginnen, sich einen Job suchen und von dort aus den Rest Kanadas erkunden. Mit ihrem *Working-Holiday*-Visum darf sie in fast allen Branchen arbeiten. Was sie wohl erwarten wird in diesem Jahr? Ob die Kanadier wirklich so offen und hilfsbereit sind, wie man es sich erzählt? Ob sie Bären, Rentiere und Wale sehen wird?

Eintrittskarte für Kanada

Als deutscher, österreichischer oder schweizerischer Tourist braucht man in der Regel kein Visum für seinen Urlaub in Kanada. Lediglich ein für die Dauer des Aufenthalts gültiger Reisepass ist notwendig, dann kann man bis zu sechs Monate im Land bleiben. Ein Stempel im Pass gibt das genaue Datum an, bis zu dem man wieder ausreisen muss. Nur in Ausnahmefällen ist eine Verlängerung des Visums möglich, und auch dann muss man frühzeitig mit den zuständigen Behörden in Kontakt treten.

Für kürzere Arbeitsaufenthalte bis zu einem Jahr können 18- bis 35-Jährige an dem Programm für Jugendmobilität teilnehmen. Es umfasst das Programm *Working Holiday*, das zum Arbeiten in einem beliebigen Bereich berechtigt außer im medizinischen oder schulischen bzw. erzieherischen Sektor. Weiterhin ist es möglich, ein studien- oder ausbildungsbezogenes Praktikum in Kanada zu absolvieren oder als *young professional* mit einem Stellenangebot aus Kanada für zwölf Monate im Land Erfahrungen zu sammeln.

Genauere Infos zu diesen und anderen Programmen finden sich im Internet unter: www.kanada-info.de.

Als Mareike gerade in ihren Tagtraum entschwinden will, dröhnt die sonore Stimme des Piloten durch das Flugzeug und reißt sie jäh zurück in die Realität. Tatsächlich befinden sie sich schon im Landeanflug und die Stewardessen verteilen Formulare an alle Passagiere.

Mareike runzelt die Stirn, als sie das Blatt überfliegt. Ist das ernst gemeint? Soll sie wirklich ankreuzen, ob sie Waffen oder Sprengstoff dabei hat, straffällig oder ansteckend krank ist? Sie ist schließlich weder kriminell noch schleppt sie die Pest ein. Und selbst wenn – wer kreuzt da schon Ja an? Lächerlich.

Gedankenlos füllt sie das Formular schnell aus, um dann weiter den Blick aus dem Flugzeug zu genießen. Jetzt ist sogar schon eine große Stadt in Sicht. Ja, das muss Montréal sein. Einige riesige Hochhäuser und in der Mitte ein enormer grüner Hügel. Wie seltsam, mit all dem Wasser drum herum sieht es fast so aus, als wäre Montréal eine Insel.

Zwanzig Minuten später betritt Mareike zum ersten Mal nordamerikanischen Boden. Mit steifen Beinen stakst sie in

Richtung Ausgang. Sie möchte möglichst schnell zum Gepäckband. Ihre größte Sorge bei Flugreisen ist immer, dass ihre Koffer nicht ankommen. Vor allem jetzt, wo alles für ein Jahr darin verstaut ist.

Doch zunächst einmal findet sie sich in einer riesigen Halle wieder, durch die sich eine lange Schlange von mehreren Hundert Menschen windet. Bevor man an sein Gepäck kommt, muss man erst mal durch den Zoll. Was für eine schlechte Organisation, dass sich hier alles so staut! Müde und entmutigt stellt Mareike sich hinten an. Zu ihrer Überraschung kommt sie relativ schnell vorwärts. Nach 20 Minuten ist sie bereits an der Reihe. Mit ihrer schweren Handtasche stolpert sie zum Schalter des Zollbeamten und reicht ihm ihren bordeauxfarbenen Pass.

»Hello. Bonjour. How are you? Ça va?« – Hallo. Wie geht's?, fragt der Beamte sie freundlich.

»Very good. Très bien« – Sehr gut, antwortete Mareike.

Die sagen hier doch wohl hoffentlich nicht alles in zwei Sprachen, oder? Es ist ja schön, wenn ein Land zweisprachig ist, aber muss man das gleich wörtlich nehmen? Der nette Zollbeamte stellt viele Fragen, die Mareike zunächst alle fröhlich beantwortet: Ob sie zum ersten Mal in Kanada sei, was sie vorhabe, was sie sehen wolle und so weiter. Langsam werden ihr die Fragen aber doch zu persönlich. Wo sie wohnen werde, woher sie die Vermieterin kenne, wie viel Budget sie für die Reise habe – ungewöhnlich, diese Fragerei. Zu guter Letzt soll sie das Formular aus dem Flugzeug zeigen.

Himmel, das hat sie ja ganz vergessen! Fiebrig kramt sie in ihrer viel zu großen Handtasche herum, bis sie es endlich etwas zerknüllt zwischen zwei Äpfeln und einem alten Käsebrot findet. Missbilligend blickt der Zollbeamte auf das Chaos in ihrer Tasche.

»Sie haben angekreuzt, dass Sie keine frischen Lebensmittel mitgebracht haben, Miss. In Ihrer Tasche befindet sich aber Obst. Haben Sie sonst alle Fragen wahrheitsgemäß beantwortet?«, fragt er streng.

Eingeschüchtert nickt Mareike. Was für ein Wirbel wegen zwei Äpfeln!

»Sie haben also keinen der hier aufgelisteten Gegenstände bei sich?«

»Sicher, ich habe 10.000 kanadische Dollar, einen Kanarienvogel und sieben Maikäfer bei mir.«

Mareike findet diese Prozedur furchtbar albern. Der Grenzbeamte scheint das Ganze nicht so witzig zu finden, schaut sie böse an und sagt: »Ich bitte Sie, meine Frage zu beantworten. Führen Sie einen der aufgelisteten Gegenstände nach Kanada ein?«

»Nein.«

Sie will es nicht auf die Spitze treiben. Mit versteinerter Miene macht der Beamte eine Notiz auf Mareikes Formular, gibt es ihr zurück und schickt sie weiter in ein anderes Büro, vor dem schon eine lange Menschenschlange wartet. Wann darf sie nur endlich ihren Koffer abholen? Nach einer gefühlten Ewigkeit bekommt sie ihr Arbeitsvisum in den Pass getackert und darf sich Richtung Gepäckband begeben. Dort tuckert auch schon ihr Koffer gemütlich im Kreis. Genervt zerknüllt Mareike ihr Formular aus dem Flugzeug und pfeffert es in einen Mülleimer.

Ihren Koffer zerrt sie mühsam vom Gepäckband und begibt sich Richtung Ausgang. Sie will endlich kanadische Luft schnuppern!

Im Laufschritt hastet sie auf die Tür am Ende eines langen Ganges zu. Gleich ist sie draußen – gleich ist sie wirklich in Kanada!

»*Your declaration card, please.*« – Ihre Zollkarte, bitte.

Schon wieder steht ein uniformierter Mann vor ihr und versperrt ihr den Ausgang. Er wedelt mit einem Formular, wie sie es eben beim Zollbeamten vorgezeigt hat. Muss sie das etwa hier abgeben? Oh nein – das liegt doch im Mülleimer!

Was ist diesmal schiefgelaufen?

Mareike litt etwas unter dem langen Flug. Die Sitze in der Economy-Klasse sind nach sechs bis sieben Stunden Flug immer unbequem. Auch wenn sie sich beim Aufwachen erschreckt hat, hatte sie im Flugzeug zum Glück keine anstrengenden Sitznachbarn. Die Mutter und ihr Sohn waren ein schönes Beispiel für die kulturelle Vielfalt Montréals und Kanadas insgesamt. Der kleine Junge war südamerikanischer Herkunft. Die Mutter war eine *Québécoise* und sprach Französisch mit ihrem Sohn, allerdings mit dem starken Akzent Québecs. Daher verstand Mareike auch nicht viel, weil sie daran noch nicht gewöhnt ist. Zu den sprachlichen Eigenarten des Französisch in Québec später mehr.

Dass der lange Flug sie doch angestrengt hat, merkte Mareike beim Zoll, den hatte sie unterschätzt. Wenn viele Flugzeuge gleichzeitig ankommen, kann es an großen Flughäfen wie in Montréal zu beeindruckenden Schlangen kommen. Da der Zoll jedoch meistens sehr gut organisiert ist und etwa in Montréal bis zu 16 Beamte gleichzeitig an den Schaltern sitzen, geht es schnell voran. Die Fragen des Zollbeamten hat Mareike als indiskret empfunden. Es waren jedoch alles nur Fragen, um festzustellen, ob man illegal arbeiten wird, genügend Geld für die Reise hat, Krankheiten mitbringt oder Kanada sonst irgendwie zur Last fallen könnte. Die Einfuhr von Obst, Gemüse, Pflanzen und Fleisch unterliegt strengen

Auflagen. Hier sollte man sich am besten vor der Reise über die aktuellen Modalitäten informieren.

Das Formular für die Einreise nach Kanada erhält man in der Regel von den Flugbegleitern im Flugzeug. Am Flughafen liegen aber auch noch welche aus, sodass man sich keine Sorgen machen muss, wenn man sich verschrieben hat. Es wird zunächst beim Zollbeamten vorgezeigt, der verschiedene Fragen stellt und dann für den internen Gebrauch eine Notiz auf dem Blatt macht. Erst ganz am Schluss, wenn man bereits sein Gepäck abgeholt hat und auf dem Weg nach draußen ist, wird es eingesammelt. Hier kann es auch passieren, dass die Koffer kontrolliert werden.

Montréal ist übrigens tatsächlich eine Insel und heißt daher auch *Île de Montréal*. Die Stadt liegt für den Handel strategisch hervorragend dort, wo Ottawa River und Sankt-Lorenz-Strom zusammenfließen – diese Lage ist auch der Grund für den früheren Reichtum der Region. In der Mitte der Stadt thront der Mont Royal, eher ein Hügel als ein Berg, der die grüne Oase der Stadt ist und dem sie ihren Namen verdankt.

Was können Sie besser machen?

Wenn man aus finanziellen Gründen nicht *First Class* fliegen kann, muss man sich mit den engen Sitzen und dem wenigen Fußraum arrangieren. Gut für den Kreislauf und hilfreich gegen Thrombose ist es, während des Flugs ab und zu aufzustehen und sich die Beine zu vertreten.

Möchte man seinen Sitz auswählen und sich über alle seine Vor- und Nachteile informieren, kann man dies vor der Flugbuchung auf speziellen Internetseiten wie www.seatguru.com tun.

Die kanadischen Grenzbeamten sollte man schon ernst nehmen, auch wenn sie entspannter sind als die meisten ihrer US-amerikanischen Kollegen. Die Fragen zum Budget und zum Grund des Aufenthalts betreffen allesamt Themen, über die man sich ohnehin vor Reiseantritt Gedanken machen sollte: Wie viel Budget benötigt man für die Reise, braucht man eine zusätzliche Krankenversicherung, beeinträchtigt ein gesundheitliches Risiko die Reise? Das besagte Formular muss man natürlich wahrheitsgemäß beantworten, in der Regel ist das aber eine Formsache, da die meisten Touristen tatsächlich keinen der genannten Punkte erfüllen. Vor allem aber darf man es nicht wegschmeißen, sondern muss es am Ende dem kontrollierenden Beamten aushändigen. Mareike muss nun entweder ihr Formular im Mülleimer suchen oder die ganze Prozedur noch einmal durchlaufen!

2 Wozu zwei Sprachen in einem Land?

Taxifahren und Sprachwirrwarr

Glücklicherweise hat Mareike ihr Formular noch in dem Mülleimer wiedergefunden. Der Zollbeamte hat sie zwar etwas misstrauisch gemustert, aber keine Probleme mehr gemacht. Erschöpft winkt Mareike vor dem Flughafen ein Taxi heran und zeigt dem Fahrer den Zettel mit der Adresse ihrer ersten Bleibe, die sie sich über das Internet gesucht hat.

»*Oh, that will be expensive, young lady*« – Das wird teuer, junge Dame, murmelt der Fahrer, der afrikanischer Herkunft zu sein scheint und wieder einen ganz anderen Akzent im Englischen hat als der Zollbeamte.

Mareike ist mit ihrer Familie früher oft in die Türkei in den Urlaub gefahren und weiß, dass man mit Taxifahrern immer handeln muss.

»Können wir uns auf 15 Dollar einigen, Sir?«

»Miss, ich kann Ihnen keinen Festpreis anbieten. Ihr Ziel ist außerhalb des festgelegten Bereichs. Da muss ich das Taxameter anschalten. Tut mir leid.«

»Nein, wenn es teurer als 20 Dollar wird, fahre ich nicht bei Ihnen mit.«

Mareike hat keine Ahnung wie weit ihr Ziel entfernt ist, aber übers Ohr hauen lassen will sie sich nicht.

»Sorry, Miss, das geht wirklich nicht.«

Der Taxifahrer wirkt etwas hilflos und Mareike ist zu müde, um weiter wie auf einem Basar zu handeln.

Während der Fahrt versucht Mareike, so viel wie möglich von der Stadt zu sehen. Aber so wirklich einladend wirkt das alles nicht, was sie vom Highway aus sehen kann. Riesige graue Gebäude überall und Läden mit Anzeigetafeln wie aus den 1970er-Jahren. Alles wirkt etwas weniger gepflegt als in Deutschland. Wohnsiedlungen mit uniformen Einfamilienhäusern wechseln sich mit Industriegebieten ab. Ab und zu blinkt ein großes buntes Schild von einem Fast-Food-Lokal auf. Stromkabel schlängeln sich oberirdisch, gestützt von hölzernen Masten, durch die Straßen. Und so viele Stopp-Schilder! Nein, das sind gar keine Stopp-Schilder, darauf steht »*Arrêt*«. Wenn Mareikes Französischkenntnisse sie nicht völlig im Stich lassen, heißt »*arrêter*« aufhören. Aber spricht man in Montréal nicht überwiegend Englisch? Und überhaupt – sie ist ja in Kanada – warum sind die Stopp-Schilder hier auf Französisch? Mareike blickt nicht mehr durch. Wozu gibt es in diesem Land überhaupt zwei Sprachen? Ist das nicht total unpraktisch? Sie beschließt, ihren Fahrer zu fragen. Der lacht nur laut auf und sagt: »Sagen Sie das hier in Québec nicht zu laut! Abgesehen davon gibt es zwar zwei offizielle Sprachen, aber in Wirklichkeit werden in Kanada noch viel mehr Sprachen gesprochen!«

Und damit beginnt er, in einer Mareike unbekannten afrikanischen Sprache ein altes Volkslied zu singen. Die Müdigkeit nach dem langen Flug wird nun unerträglich und Mareike lässt sich in den kühlen Ledersitz des Taxis sinken.

Was ist diesmal schiefgelaufen?

Kanada ist nicht die Türkei – gehandelt wird hier selten und schon gar nicht mit den Taxifahrern. Daher waren Mareikes Bemühungen ganz umsonst. Vor allem da die beiden aneinander vorbeigeredet haben. Der Taxifahrer dachte, dass Mareike den Fixpreis meinte, der für die Fahrt vorgeschrieben ist, wenn Fahrgäste in die Innenstadt wollen. Mareike hingegen wollte einfach nur einen festen Preis vereinbaren, weil sie nicht wusste, wie weit es zu ihrer Unterkunft ist. Das Taxi ist hier mit das teuerste Transportmittel, um vom Flughafen wegzukommen, aber auf die Fahrer und die Taxameter kann man sich in der Regel verlassen.

Die sprachlichen Verhältnisse in Kanada verwirren Mareike. Kanada hat zwei Amtssprachen: Englisch und Französisch. Die offizielle Zweisprachigkeit ist gesetzlich festgelegt, und in allen Institutionen des Bundes, im Parlament und in den Bundesgerichten sind beide Sprachen gleichberechtigt. Das heißt, im ganzen Land können die Bürger Kanadas Dienstleistungen des Bundes in englischer oder französischer Sprache wahrnehmen. Dazu gehört auch, dass überall für die jeweilige sprachliche Minderheit Schulunterricht in ihrer Sprache garantiert werden muss, ein Anrecht, das für viele Diskussionen gesorgt hat. Die Umsetzung variiert aber von Provinz zu Provinz.

Wo Englisch, wo Französisch?

Der Großteil der Französisch sprechenden Kanadier lebt in Québec. Aber noch ein Drittel lebt in Ontario, in Alberta, im Süden von Manitoba und im Norden von New Brunswick sowie im südwestlichen Nova Scotia und auf der Kap-Breton-Insel. Die größte französischsprachige Gruppe außerhalb Québecs lebt in Ontario. In Québec ist Französisch die alleinige Amtssprache.

Im Rest des Landes dominiert die englische Sprache. Das kanadische Englisch ist dem amerikanischen Englisch ähnlicher als dem britischen. Es ist aber für Europäer gut verständlich, da es sich weniger von dem in Europa gelehrten Englisch unterscheidet als zum Beispiel das in Australien oder Neuseeland.

In den Nordwest-Territorien besitzen auch mehrere Sprachen der *First Nations* offiziellen Status. Im hauptsächlich von Inuit bevölkerten Territorium Nunavut ist Inuktitut die Mehrheitssprache und eine von drei Amtssprachen.

Der Taxifahrer ist afrikanischer Herkunft und nur eines von unzähligen Beispielen für die Vielfalt der kanadischen Gesellschaft. Er spielt darauf an, dass Mareike in Québec nicht zu laut ihren Unmut darüber äußern sollte, dass nicht alle einfach Englisch sprechen. Denn Montréal gehört zur Provinz Québec und die *Québécois* identifizieren sich sehr mit ihrem *français québécois*.

Die Stadt Québec, nordöstlich von Montréal gelegen, ist die Provinzhauptstadt und die Hochburg der französischen Sprache in Kanada.

Was können Sie besser machen?

In Montréal können Sie die Menschen oft sowohl auf Französisch als auch auf Englisch ansprechen – man muss aber natürlich nicht alles auf zwei Sprachen sagen. Da die meisten in Québec französische Muttersprachler sind, ist es nett, zumindest die ersten paar Worte, zum Beispiel die Begrüßung, auf Französisch zu sagen, um zu signalisieren, dass man sich Mühe gibt. Vor allem in den übrigen Gebieten Québecs sprechen immer weniger Einheimische gut Englisch. Im Rest Kanadas ist Englisch die gebräuchliche Sprache. In den großen Städten wie zum Beispiel Montréal, Toronto oder Vancouver kann man in vollen Zügen den Mix der Kulturen und den damit einhergehenden Cocktail von Sprachen und Akzenten genießen. Dieses bunte Potpourri ist typisch für Kanadas Metropolen.

Um vom Flughafen Pierre-Elliott-Trudeau de Montréal in die Innenstadt von Montréal zu kommen, gibt es drei Möglichkeiten. Zu einem Einheitspreis von ca. 40 Dollar kann man ein Taxi in die Innenstadt nehmen. (Mareikes Ziel fällt nicht mehr hierunter, da es etwas außerhalb der Innenstadt liegt. Dazu später mehr.) Oder man nimmt einen Shuttle-Bus, der ca. acht Dollar pro Weg kostet und der zu dem zentralen U-Bahn- und Busbahnhof Berri-UQAM fährt. Die günstigste Variante sind die öffentlichen Verkehrsmittel. Die Buslinie 204 hält am Bahnhof Dorval, von wo aus Busse in die Innenstadt und zur nächsten U-Bahn-Linie fahren. Von den meisten kanadischen Flughäfen fahren Shuttle-Busse in die jeweilige Innenstadt. In Vancouver fährt sogar eine Bahn bis zum Flughafen.

Übrigens kann man sehr leicht durcheinanderkommen, wenn man von Québec spricht. Ist nun die Provinz oder die Stadt gemeint? Dies kann man umgehen, wenn man auf Französisch unterscheidet: »*aller au Québec*« (nach Québec gehen, hier: in die Provinz) und »*aller à Québec*« (nach Québec gehen, aber hier: in die Stadt). Im Englischen kann man die Differenzierung deutlich machen durch »*Québec City*« (im Französischen »*La Ville de Québec*«) und »*the province of Québec*«.

Die kanadischen Provinzen und Territorien

Der Bundesstaat Kanada gliedert sich in zehn Provinzen (Alberta, British Columbia, Manitoba, Neufundland und Labrador, New Brunswick, Nova Scotia, Ontario, Prince Edward Island, Québec, Saskatchewan) und drei Territorien (Nordwest-Territorien, Nunavut, Yukon). Die Provinzen haben relativ viel Autonomie gegenüber der Bundesregierung, mehr als die Territorien. Das betrifft vor allem die Gestaltung von Bildungs- und Gesundheitswesen, natürlichen Ressourcen, der Polizei, Kultur, Sozialhilfe und der wirtschaftlichen Entwicklung. Die Unterschiede zwischen Provinzen und Territorien haben geschichtliche Gründe: Staatsoberhaupt Kanadas ist die britische Krone, die seit dem Verfassungsgesetz von 1867 in den zehn Provinzen von Gouverneuren vertreten wird, nicht aber in den Territorien. Diese unterstehen der Bundesregierung.

3 Wo geht es ins Zentrum?

Nordamerikanische Vororte und wachsame Nachbarn

Am nächsten Tag wacht Mareike um fünf Uhr morgens auf. Willkommen in Kanada – es lebe der Jetlag! Sie wälzt sich noch ein wenig in ihrem viel zu großem *King-Size-*Bett hin und her, aber es ist zwecklos. Sie kann einfach nicht wieder einschlafen. Schließlich ist es in Deutschland jetzt schon elf Uhr vormittags.

Kleine kanadische Bettenkunde

Nordamerikanische Betten bestehen meist aus einem Bettgestell mit einem fest installierten Lattenrahmen, einer sogenannten *boxspring*. Mit der durchgehenden, sehr weichen Matratze ist das Bett insgesamt mindestens 50 cm hoch, sodass man fast raufklettern muss. Die angenähten Volants passen in puncto Muster oft zur Tagesdecke. Ein *King-Size*-Bett ist 1,90 m × 2,03 m groß, *Queen-Size*-Betten messen 1,52 m × 2,03 m und das *Double-* oder *Full-Size*-Bett 1,37 m × 1,90 m. Für zwei Personen sollte man, schon allein wegen der Bettlänge, mindestens ein *Queen-Size*-Bett haben.

Leise schlüpft Mareike aus ihrem Zimmer und macht sich auf den Weg in die Küche des Hauses von Maude, bei der sie sich ein Zimmer gemietet hat.

Das Erste, was sie dort findet, ist Brot und Erdnussbutter. Sie möchte nicht noch mehr in den fremden Schränken herumwühlen und gibt sich damit zufrieden. Hungrig schmiert sie sich eine Scheibe, die ihr pappig und labbrig vorkommt, und schaut aus dem Fenster. Die Nachbarhäuser sehen alle gleich oder zumindest sehr ähnlich aus. Einstöckige, mittelgroße Bungalows, die ohne Gartenzaun aneinandergereiht sind und ein bisschen an Spielzeughäuser erinnern. Alle von makellosen grünen Rasenflächen umgeben, jeweils rechts eine kleine Einfahrt mit einer Garage. Ob die wohl alle derselbe Architekt gebaut hat?

Es ist schon hell draußen und Mareike beschließt, die Umgebung zu erkunden. Sie streift sich ihr blaues Sommerkleid über, denn obwohl die Küchenuhr erst 5:30 Uhr anzeigt, ist es schon unglaublich heiß und schwül.

Mareike hat keine Ahnung, in welche Richtung sie gehen soll, dreht sich dann aber nach links. Irgendwann wird sie schon an eine Hauptstraße kommen.

Sie ist neugierig und mag es, spazieren zu gehen, um ihr Viertel kennenzulernen und zu erfahren, wo sie gelandet ist. Und sie hofft, so schneller das Gefühl zu bekommen, zu Hause zu sein und dazuzugehören. In den Straßen herrscht Totenstille. Nur ein Zeitungsjunge ist schon unterwegs und beäugt sie misstrauisch. Nach einer halben Stunde hat Mareike immer noch kein einziges Geschäft entdeckt. Sie erwartet ja nicht, dass um diese Uhrzeit schon Läden geöffnet sind, aber es interessiert sie einfach, wo sich das Leben in Montréal abspielt. Einen Block nach dem anderen mit den immer gleichen Häusern läuft sie ab. Wenigstens kann sie die Orientierung nicht verlieren, weil die Straßen in diesem Viertel glücklicherweise schachbrettartig angeordnet sind (dies ist nicht in allen Vierteln der Fall). Als sie aus einem der Häuser eine Frau mit einem kleinen Hund kommen sieht, atmet Mareike erleichtert auf.

»*Excusez-moi*« – Entschuldigen Sie, sagt sie, »wo sind denn hier die nächsten Geschäfte?«

»Geschäfte? Meinen Sie eine Tankstelle?«

»Nein, eine Hauptstraße oder das Zentrum.«

»Na, das Zentrum ist eine halbe Stunde mit dem Auto die *Métropolitaine*, die Autobahn an der Nordküste des Sankt-Lorenz-Stroms, runter. Das nächste Einkaufszentrum sind die *Galéries d'Anjou* im Osten der Stadt. Aber was suchen Sie denn überhaupt auf der Straße zu dieser Uhrzeit? Und so ganz alleine? Ich habe Sie hier noch nie gesehen.«

Die Dame scheint ihr Viertel ganz genau im Blick zu haben und mustert Mareike von oben bis unten mit misstrauischem Blick. Mareike erklärt, dass sie Touristin sei, was von der Frau nur mit einem ungläubigen Kopfschütteln quittiert wird. Schnell macht Mareike sich auf den Rückweg. Es hat keinen Sinn. Montréal scheint eine total uninteressante Stadt zu sein.

Gerade als sie an Maudes Auffahrt angekommen ist, sieht sie einen Streifenwagen die Straße herunterfahren. Auf ihrer Höhe wird er plötzlich langsamer. Mareike holt schnell ihren Schlüssel raus und verschwindet im Haus. Erst jetzt wird der Wagen wieder schneller und biegt an der nächsten Kreuzung rechts ab. Das ist ja wie im Krimi!

Was ist diesmal schiefgelaufen?

Dummerweise hat sich Mareike, ohne es zu wissen, ein Zimmer in einem sehr abgelegenen Stadtteil gesucht. Die *banlieues* oder *suburbs*, die Vororte nordamerikanischer Großstädte, sind für Europäer oft etwas befremdlich. In der Regel handelt es sich dabei um reine Wohngebiete ohne Geschäfte, Industrie oder Dienstleistungsunternehmen. Zudem wird Wert auf die Einheitlichkeit der Straßenzüge gelegt, was aber auch von der jeweiligen Wohngegend und dem Einkommensniveau abhängt. Gerade in wohlhabenden Gegenden ist das äußere Erscheinungsbild besonders wichtig und der gepflegte Vorgarten ohne Unkraut ein Statusobjekt. Viele Häuser sehen sich so ähnlich, weil meist riesige Gebiete von einzelnen großen Bauunternehmen erschlossen werden, die in einem Aufwasch viele Dutzend Fertighäuser aufstellen. Das drückt die Kaufpreise, trägt aber nicht unbedingt zur Individualität des Wohnens bei.

Bei ihrem frühmorgendlichen Spaziergang wurde Mareike so misstrauisch beäugt, weil in diesen Gegenden kaum jemand längere Strecken zu Fuß zurücklegt, es sei denn aus sportlichen Gründen, also joggend. Mit 16 Jahren darf man in fast allen Provinzen Kanadas den Führerschein machen; Familien haben im Schnitt zwei Autos.

In vielen nordamerikanischen Städten gibt es private Zusammenschlüsse zur *neighbourhood watch*. Nachbarn tun sich zusammen, um ein Auge auf ihr Viertel zu haben und merkwürdige Vorkommnisse zu melden. Das könnte hier auch passiert sein: Vielleicht hat die Frau die Polizisten gerufen, die Mareike dann vom Streifenwagen aus begutachtet haben. In einer Nachbarschaft, in der sich alle kennen, fällt es eben auf, wenn eine Deutsche in der Morgendämmerung orientierungslos durch die Gegend läuft und ungewöhnliche Fragen stellt.

Eine Kleinigkeit noch: Mareike fand das Erdnussbutterbrot recht fade. Im Vergleich zu frischem deutschem Brot ist es das auch. Das Standardbrot im kanadischen Haushalt erinnert an besseres Toastbrot aus der Tüte, das morgens gerne (auch ungetoastet) mit Erdnussbutter oder Marmelade, einem Glas Orangensaft und einer Tasse Kaffee zu sich genommen wird.

Was können Sie besser machen?

Wenn man sich ein Zimmer über das Internet sucht, sollte man sich ganz genau auf dem Stadtplan anschauen, wo es liegt. Wenn man sich nicht auskennt, ist die Gefahr groß, in einem Vorort zu landen, da die Stadtflächen sehr weitläufig sind. Ist man nur für eine begrenzte Zeit in einer Großstadt, wird eine Bleibe im Stadtzentrum sicher die beste Wahl sein.

Man kann durchaus auch im Vorort Spaziergänge unternehmen. So früh morgens mag das manche misstrauisch machen, aber es ist vollkommen legal und man wird auch nicht gleich von der nächsten Polizeistreife angehalten. Dass man misstrauische Blicke erntet, kann passieren, sollte einen aber nicht nervös machen.

Und zu guter Letzt: Es ist keine schlechte Idee, das pappige Brot zu toasten!

4 Wie man sich auch ohne Auto fortbewegen kann

Nordamerikas Fahrradstadt und unhöfliche Busfahrer

Enttäuscht von diesem ersten Spaziergang kommt Mareike wieder im Haus ihrer Vermieterin an. Maude ist inzwischen aufgestanden und steht in ihrem Bademantel in der Küche, einen dampfenden Kaffee in den Händen. Erstaunt blickt sie auf, als Mareike zur Tür hereinkommt.

»Wo kommst du denn her? Und zu dieser Uhrzeit?«

»Ich wollte mir ein wenig die Gegend anschauen. Aber ich hab das Zentrum irgendwie nicht gefunden. Könnte ich mir vielleicht dein Fahrrad leihen, um in die Stadt zu fahren?«

Maude weiß nicht recht, damit etwas anzufangen.

»Fahrrad? Ich habe kein Fahrrad. Und das wäre auch viel zu gefährlich.«

»Aber wie komme ich denn dann in die Stadt?«

»Na, mit dem Auto.«

»Aber ich hab doch kein Auto. Fährt denn hier kein Bus?«

»Du, das weiß ich gar nicht so genau. Ich glaube, dass am Ende der Straße eine Bushaltestelle ist, aber ich habe keine Ahnung, wann die Busse fahren. Das *centre-ville*, das Stadtzentrum, ist eine halbe Stunde mit dem Auto entfernt. Heute Nachmittag fahre ich in die Stadt. Wenn du magst, kann ich dich dann mitnehmen.«

Aber Mareike mag nicht mehr warten, sie will endlich etwas von der richtigen Stadt sehen. Eine Stunde später steht sie an der Bushaltestelle. Leider ist weit und breit kein Fahrplan zu sehen und außer ihr wartet auch sonst niemand auf den Bus. Geschlagene 15 Minuten steht sie in der prallen Sonne.

Als der Bus endlich um die Ecke biegt und vor ihr hält, steigt sie ein und will eine Fahrkarte kaufen. 3 Dollar soll die Fahrt kosten. Mareike hält dem Fahrer ihren 20-Dollar-Schein hin, dieser schüttelt jedoch nur den Kopf und sagt etwas, wovon sie nur den letzten Satz versteht: »Tut mir leid, aber ich kann Sie nicht mitnehmen.«

Mareike bleibt verwundert auf dem Bürgersteig stehen, während der Bus die Türen schließt und davonfährt. Na toll. Das kann doch nicht die Großstadt Montréal sein?

Was ist diesmal schiefgelaufen?

Die öffentliche Verkehrsanbindung der Vororte an das Stadtzentrum ist meistens sehr schlecht, einfach weil kaum jemand darauf angewiesen ist. Die meisten Menschen haben ein Auto.

Grenzenloses Autofahren

Der deutsche, österreichische und schweizerische Führerschein wird von allen kanadischen Provinzen anerkannt. Bei touristischen Aufenthalten kann damit bis zu einer Dauer von drei Monaten gefahren werden, in den Provinzen British Columbia und Québec sogar bis zu sechs Monaten. Kanadische Mietwagenfirmen können theoretisch zusätzlich einen internationalen Führerschein verlangen, den man sich vor Reiseantritt in seinem Heimatland, meistens im Straßenverkehrsamt, ausstellen lassen kann. In der Praxis braucht man diesen aber selten. Er ist nur in Verbindung mit dem jeweiligen nationalen Führerschein gültig.

Meistens benötigt man eine Kreditkarte, um einen Wagen mieten zu können, und muss mindestens 21 bis 25 Jahre alt sein, je nachdem, in welcher Provinz man sich befindet. Da sich die Regelungen von Provinz zu Provinz sehr unterscheiden, sollte man sich vor Reiseantritt über sein jeweiliges Ziel genau informieren. Reserviert man den Wagen vor Beginn der Reise, ist es oft günstiger, als wenn man dies spontan vor Ort tut.

Züge fahren in die entlegenen Vororte, aber nicht mehr spät abends. In Montréal werden sie zum Beispiel von der *AMT* (*Agence métropolitaine de transport* – Städtische Agentur für Transport), in Toronto von *GO Transit* betrieben und verkehren lediglich zu den Stoßzeiten des Berufsverkehrs. Möchte man abends etwas unternehmen, braucht man fast zwangsläufig ein Auto oder kann versuchen, einen der Nachtbusse zu erwischen, die zwar regelmäßig, aber längst nicht überallhin fahren. Die Busse sind zudem unglaublich langsam, da sie an jeder Straßenecke halten, im Berufsverkehr sowieso. Und tatsächlich gibt es auch nicht an jeder Bushaltestation einen Fahrplan.

Das Wichtigste aber, was Mareike nicht wusste: In den Bussen der meisten kanadischen Städte muss man passendes Kleingeld parat haben, da kein Wechselgeld herausgegeben wird. Sonst wird man nicht mitgenommen. Daher sind an den Bustüren auch Schilder mit der Aufschrift angebracht: »*Montant exact seulement – Exact amount only*« – Keine Geldrückgabe.

Ein weiterer wichtiger Tipp zum Busfahren: Die Haltestellen haben keine Namen, das heißt, man muss ständig aus dem Fenster schauen, um zu sehen, wie die Straßen heißen und wann man aussteigen muss. Das ist besser möglich als in Deutschland, da in Kanada gut les- und sichtbar an jeder Ecke

Straßenschilder aufgestellt sind. Oder man bittet den Fahrer, Bescheid zu sagen: *»Pourriez-vous s'il vous plait m'avertir quand on arrive à la rue .../au centre-ville – Could you please let me know when we arrive at ...street/downtown?«* – Könnten Sie mir bitte Bescheid geben, wenn wir in der ...straße/in der Innenstadt ankommen? Wenn man an der nächsten Haltestelle aussteigen möchte, zieht man an einer der gelben Leinen, die an den Fensterfronten den ganzen Bus durchlaufen, oder drückt auf einen der roten Knöpfe, die quer durch den Bus verteilt sind. Übrigens fahren in Vancouver einige Buslinien mit einem Oberleitungssystem. Diese Verbindung rastet manchmal aus, sodass es durchaus vorkommen kann, dass der Bus mitten auf der Kreuzung stehen bleibt!

Maude war so überrascht von Mareikes Frage nach dem Fahrrad, weil sie wirklich weit draußen wohnt und von dort kaum jemand mit dem Rad in die Stadt fährt. Radfahren wird höchstens als Sport betrieben, ist allerdings in ganz Kanada als umweltbewusster Trend auf dem Vormarsch. Gerade Montréal hat in den letzten Jahren den Ruf der Fahrradhauptstadt Nordamerikas erhalten. Das Fahrrad ist in Montréal und Toronto bereits so beliebt geworden, dass es im Sommer zu regelrechten Fahrradstaus kommt – trotz der fast 500 Kilometer Fahrradwege, die sich durch das Zentrum Montréals ziehen. Das kostet nicht nur die Radfahrer Nerven, sondern auch die Autofahrer, die durch den Raddschungel gar nicht mehr durchblicken. Bis zu 10.000 Radler nutzen täglich die wichtigste Nord-Süd-Straße Montréals, es gibt Fahrradclubs und die Radwege werden von Jahr zu Jahr besser ausgebaut. Die Montréaler erklären dieses Phänomen damit, dass sie den Europäern kulturell näherstehen als den Amerikanern und sich daher auch das Rad besser durchsetzt als im Rest Nordamerikas.

Fakt ist aber, dass der Drahtesel im ganzen Land auf dem Vormarsch ist. Aufgrund der langen kalten Winter im Großteil des Landes wird das Fahrrad aber nie zum Hauptfortbewegungsmittel werden können.

Was können Sie besser machen?

Um nicht wie Mareike an der Straße stehen gelassen zu werden, wenn man kein Kleingeld dabei hat, bietet es sich in immer mehr Städten an, Guthabenkarten für Fahrkarten zu kaufen, die man in Bussen und U-Bahnen verwenden und so das Kleingeldproblem umgehen kann (in Montréal zum Beispiel die *Carte Opus*). Aufgeladen werden diese Karten an Automaten oder Schaltern in den U-Bahn-Stationen, die hier, wie in Frankreich, *Métro* heißen oder *Subway* im Rest Kanadas. Mit jedem Ticket darf man einmal innerhalb von 120 Minuten von U-Bahn zu Bus oder andersherum umsteigen. Um den genauen Fahrplan zu kennen, lohnt es sich, vorher im Internet nachzuschauen. An den größeren Haltestellen, zum Beispiel an den U-Bahn-Stationen, hängen in der Regel immer Busfahrpläne aus.

Wenn man innerhalb der Großstädte mit dem Rad unterwegs ist, erlebt man die Stadt gleich mit ganz anderen Augen und kommt zudem schneller voran – doch am besten fährt man nur auf den gekennzeichneten Radwegen. Die meisten Radfahrer sind eher auf sportlichen Rädern unterwegs und tragen Helme. Hollandräder sind eine Rarität, mutieren aber gerade zum Liebhaberobjekt für junge Leute und werden aus den Niederlanden und Dänemark importiert.

Verkehrssicherheitsregeln gibt es noch wenige. Daher wird man auch nur selten angehalten, wenn man bei Dunkelheit ohne Licht fährt. Das sollte man aber aus Sicherheitsgründen trotzdem nicht tun. Falls man längere Zeit in einer kanadischen Großstadt bleibt, lohnt es sich, zum Beispiel auf www.craigslist.com oder www.kijiji.ca nach einem günstigen gebrauchten Rad zu suchen, das es oft schon ab 60 Dollar zu kaufen gibt.

Eine Alternative für diejenigen, die lieber spontan auf ein Rad zurückgreifen, sind die Bixis. Diese Leihräder sind in Montréal in der ganzen Stadt an solarbetriebenden Andockstationen zu finden. Bereits mehr als 40.000 Einwohner nutzen dieses Angebot. Das Konzept ist so erfolgreich, dass es nach Toronto, Ottawa und London exportiert wurde.

5 Warum stinkt es hier so?

Von Céline Dion und Maiskolben

»*Tu connais Shania Twain?*« – Kennst du Shania Twain?, fragt Maude als Mareike und sie gemeinsam beim Abendessen sitzen. »Über sie kommt gleich ein Spezial auf CBC. Hast du Lust, das mit mir zu sehen?«

»Klar.«

Mareike kennt noch kaum Leute in Montréal und ist froh, dass Maude sich ab und zu um sie kümmert. Die Sängerin Shania Twain ist zwar nicht gerade ihr Lieblingsstar, aber man soll sich ja auf andere Kulturen einlassen. Gemütlich schlurft sie Richtung Fernseher ins Wohnzimmer, aber Maude sprintet schon die Kellertreppe runter und ruft: »Hier unten, Mareike!«

Tatsächlich – unten im Keller steht ein zweiter Fernseher und Mareike fällt erst jetzt auf, dass sie Maude eigentlich noch nie oben beim Fernseher gesehen hat. Das Sofa hier unten ist noch gemütlicher als das oben und der Fernseher noch größer. Ansonsten ist vieles aber wie in einem ganz normalen Keller: Skier warten an die Wand gelehnt auf den nächsten Winter, ein völlig überfülltes Bücherregal staubt vor sich hin und eine riesige Gefriertruhe brummt leise in der Ecke. Das Programm beginnt und Mareike ist überrascht, wie schnell es wieder von Werbung unterbrochen wird. Im Schnitt werden alle zehn Minuten Werbespots gezeigt! Maude zappt durch die Sender. Auf dem nächsten Kanal läuft ein Musikvideo von Céline Dion.

»Sie singt auf Französisch! So was … hat die nicht das Lied zu dem Film ›Titanic‹ gesungen, und zwar auf Englisch?«, ruft Mareike erstaunt.

Maude starrt sie entgeistert an.

»Aber Mareike, das ist unsere Céline! Céline stammt doch aus Québec! Ihre ersten Lieder waren alle auf Französisch! Erst später hatte sie den großen Erfolg in den USA.«

Auf dem nächsten Sender läuft wieder Werbung, auf dem übernächsten auch. So richtig kann Mareike sich noch nicht an das kanadische Fernsehprogramm gewöhnen. »Programm« kann man das auch kaum nennen bei den ganzen Unterbrechungen.

Kanadische Fernsehkultur

In Kanada findet man Fernsehsender in den verschiedensten Sprachen. Die größten sind aber natürlich die englisch- und französischsprachigen Sender:

CBC – ein öffentlich-rechtlicher Sender, der kanadaweit auf Französisch und Englisch sendet und von der *Canadian Broadcasting Corporation* betrieben wird. In einigen Regionen werden sogar Sendungen in den Sprachen der *First Nations* ausgestrahlt.

CTV – ein privater englischsprachiger Sender von *Bell Media*, den man fast überall in Kanada empfangen kann.

Radio-Canada – ein öffentlich-rechtlicher Sender, der zur *Canadian Broadcasting Corporation* gehört und auf Französisch sendet.

TVA – ein privater, französischsprachiger Sender aus Québec, den man in ganz Kanada empfangen kann und der zu *Quebecor Media* gehört.

»Da fällt mir was ein! Magst du Mais, Mareike?«, fragt Maude plötzlich völlig unvermittelt.

Mais? Den isst Mareike eigentlich nie. Füttert man mit Mais nicht nur Tiere?

»Ja, klar!«, antwortet sie aus Höflichkeit.

»Gut, jetzt ist nämlich genau die richtige Zeit für guten Mais! Ich habe zwei frische Kolben oben.«

Und damit verschwindet Maude ein Stockwerk höher in die Küche.

Als Maude wieder neben ihr auf dem Sofa sitzt, beginnt es plötzlich bestialisch zu stinken. Dezent blickt Mareike zu Maude und fragt sich, ob die den Gestank auch bemerkt. Aber Maude scheint nichts Ungewöhnliches zu riechen. Bildet Mareike sich das etwa ein? Uuh, langsam wird es unerträglich. Wie faule Eier. Wo kommt das nur her? Aus dem Bad? Nein. Vergammelt hier irgendetwas hinter dem Sofa? Auch eher unwahrscheinlich. Aber woher kommt der Gestank dann? Da weiß Mareike es: Es muss der Mais sein! Der Mais, den sie essen soll! Nach einer Weile steht Maude auf, schließt das Kellerfenster und dreht die Klimaanlage auf.

Ein paar Minuten später ist der Gestank weg, doch Mareike hat ihn noch in der Nase, als Maude wenig später mit zwei dampfenden Maiskolben in der einen und einem Topf Butter in der anderen Hand die Treppe herunterkommt – seltsam, jetzt riechen die Maiskolben eigentlich ganz gut. Trotzdem ekelt Mareike sich. Und wie soll sie den riesigen Kolben denn essen? Maude hat das Besteck vergessen und anfassen wird Mareike das Ding bestimmt nicht, wenn es die Luft im ganzen Haus verpesten konnte. Schnell flitzt Mareike die Treppe rauf und holt Messer und Gabel aus der Schublade. Maude verfolgt das Ganze mit Erstaunen. Zurück im Keller ergibt sich Mareike seufzend ihrem Schicksal – wäre sie doch nur nicht so höflich! Zögerlich beginnt sie, mit Messer und Gabel den Maiskolben zu schneiden. Da prustet Maude los und nimmt ihr das Besteck aus der Hand.

Was ist diesmal schiefgelaufen?

Maudes Begeisterung für Maiskolben konnte Mareike erst nicht nachvollziehen. Aber natürlich handelt es sich dabei nicht um den bei uns bekannten Futtermais, sondern um Zuckermais, der viel zarter ist und von August bis Oktober geerntet wird. Besondere Sorten werden auch als Baby-Mais geerntet und zumeist zu *mixed pickles* verarbeitet. Besteck braucht man bei Maiskolben nicht: Man isst sie mit den Händen. Und dabei darf man sich sicher sein, dass die Finger danach nicht stinken. Was Mareike im Keller gerochen hat, war nicht der Mais im Ofen, sondern ein Stinktier.

Wilde Tiere stellt man sich als typisch für Kanada vor. Nur vergisst man leicht, dass es sie durchaus auch in kanadischen Städten gibt. Vor allem in den Vororten der Großstädte machen sich nachts zum Beispiel Stinktiere gerne zu schaffen: Das Stinktier ist ein Allesfresser und durchwühlt auf der Suche nach etwas Essbarem mit Vorliebe Haushaltsabfälle. Wenn Stinktiere Angst bekommen, verströmen sie ein Sekret, das Feinde abschrecken soll. Und bei dem Gestank tut es das sicher auch! Sie zielen meistens auf das Gesicht des vermeintlichen Angreifers und können bis zu einer Entfernung von sechs Metern treffen.

Eine andere weit verbreitete Spezies sind die Waschbären, die ebenfalls gerne Mülltonnen plündern. Sie können sehr gut klettern und springen und verstecken sich tagsüber in Bäumen, auf Dachböden oder in der Kanalisation. In den etwas abgelegeneren Provinzen kann es in kleineren Orten auch durchaus vorkommen, dass sich Elche, Luchse, Siebenschläfer oder Bären in Siedlungen verirren.

Die Fernsehsender spielen in Kanada tatsächlich mehr Werbung als die Sender in Deutschland: öfter, aber dafür jeweils kürzer. Daran muss man sich einfach gewöhnen. Es gibt auch keinen Unterschied zwischen den privaten und den öffentlich-rechtlichen Sendern. Eine Rundfunkgebühr, wie man sie in Deutschland an die GEZ zahlen muss, existiert in Kanada nicht. Die staatliche *Canadian Broadcasting Company* wird aus Steuergeldern finanziert.

In vielen kanadischen Häusern gibt es in der Tat zwei Fernseher: einen im eher repräsentativen Wohnzimmer und einen im gemütlichen Keller. Das ist eine nordamerikanische Eigenart, die sich großer Beliebtheit erfreut.

Zum Unglück vieler Kanadier wissen die meisten Europäer gar nicht, wie viele Stars, aber auch Erfindungen aus Kanada kommen. Genau deshalb schätzen es die Kanadier umso mehr, wenn man ihre nationalen Errungenschaften lobt. Céline Dion kommt zum Beispiel tatsächlich aus Québec, aber auch die ersten BlackBerrys wurden in Kanada entwickelt. Und sogar die in den letzten Jahren so beliebt gewordenen Schuhe der Marke Crocs stammen ursprünglich aus Québec. Viele deutsche Züge werden von der Firma Bombardier gebaut, ebenfalls aus Québec.

Made in Canada

Nicht nur Stars und Sternchen aus dem Show-Business, sondern auch wichtige Erfindungen und internationale Konzerne kommen aus Kanada. Zu den bekanntesten kanadischen Stars zählen:

Bryan Adams
Pamela Anderson
Justin Bieber
Michael Bublé
Leonhard Cohen
Céline Dion
Nelly Furtado
Avril Lavigne
Mike Myers
Keanu Reeves
Kiefer Sutherland
Neil Young

Eine kleine Auswahl wichtiger kanadischer Erfindungen:

Basketball (1891 erfunden vom kanadischen Sportlehrer James Naismith)

BlackBerry (zuerst 1999)

Cirque du Soleil (1984 in Montréal von den Straßenkünstlern Guy Laliberté und Daniel Gauthier als Zirkus mit Schwerpunkt auf einer Mischung aus Artistik, Theater und Musik gegründet, heute eine der erfolgreichsten Zirkuskompagnien weltweit)

Crocs (2002)

Eishockey (19. Jahrhundert)

Glühbirne (entgegen der landläufigen Meinung 1874 von dem Studenten Henry Woodward in Toronto entwickelt – erst fünf Jahre später patentierte Thomas Edison die Glühbirne in den USA)

Schneemobil (1922 von Bombardier)

Trivial Pursuit (1979, seit 1981 im Handel)

Was können Sie besser machen?

Gegen die Werbung im Fernsehen kann man leider nichts tun, außer DVDs zu schauen oder ins Kino zu gehen. Schön ist, dass man die Wahl hat zwischen französisch- und englischsprachigen Sendern und es generell eine große Vielfalt an kleineren, kommunalen Sendern gibt, die nicht uninteressant sind, um die lokalen Gegebenheiten und kulturellen Gruppen kennenzulernen. Sollte es zwei Fernseher im Haus geben, lohnt es sich zu fragen, welcher wann genutzt wird, da das in jeder Familie anders ist.

Wegen der Tiere sollte man seine Mülltonnen vor dem Haus stets geschlossen halten. Falls einem tatsächlich ein Stinktier zu schaffen macht, kann man, wie Maude es getan hat, einfach die Fenster schließen. Viele Häuser verfügen zudem über gute Klimaanlagen, die schnell für bessere Luft sorgen.

Maiskolben schmecken am besten gegart, man kann sie aber auch roh essen. In jedem Fall sollte man sie nicht zu lange lagern, um den vollen Geschmack genießen zu können. Zum Essen gibt es auch Mais-Stäbchen, die man an beiden Seiten in den Mais pikst, um sich die Finger nicht zu verbrennen. Alternativ kann man diese mit Zahnstochern improvisieren. Zum Höhepunkt des Genusses kommt man, wenn man Butter auf den Kolben schmiert, die dann herrlich zerfließt. Im September ist es ein schöner Ausflug, aufs Land zu fahren und sich direkt beim Bauern frischen, wenn auch zumeist genetisch veränderten Mais zu besorgen.

Lecker: Maiskolben kochen

Handelt es sich um frische Maiskolben vom Feld, müssen zunächst die grünen Blätter entfernt werden sowie der sogenannte Bart an der Spitze des Kolbens. Man nehme nun einen großen Topf mit leicht gesalzenem Wasser und einer Prise Zucker und bringe das Ganze zum Kochen. Die Maiskolben ins kochende Wasser legen und ca. 20 Minuten kochen lassen (bei einem älteren Kolben ca. 30 Minuten). Dann können sie zum Abtropfen herausgenommen werden. Sofort mit Butter beschmieren und mit Salz bestreuen und heiß servieren.

Einmal gekocht können die Kolben auch zusätzlich mit Butter in der Pfanne rundum leicht angebraten werden. Oder man röstet den gekochten Maiskolben auf einem Holzkohlegrill.

6 Wie man vom illegalen Konzertbesucher zum Alkoholiker wird

Tücken und Fallen eines Festivals

Wie viel schneller man doch mit dem Auto in der Stadt ist als mit dem Bus! In Maudes altem Toyota Corolla sind Mareike und Maude gerade mal eine halbe Stunde durch den lauen Sommerabend gebraust, und schon ist Mareike *downtown*. Maude hat ihr angeboten, sie auf dem Weg zu ihrem Frisbee-Turnier in der Innenstadt abzusetzen, da an diesem Abend die Eröffnungsveranstaltung des berühmten Montréaler Jazzfestivals stattfindet. Das will Mareike sich nicht entgehen lassen. Vor allem weil die Eingangsshow vom *Cirque du Soleil* gestaltet wird. Mareike findet ohne Probleme ihren Weg durch die Hochhausschluchten zum Place des Arts. Vorbei an großen Geschäftsgebäuden, die auf Mareike etwas einschüchternd wirken, geht es Richtung Festival. Eine bunte Mischung von Menschen ist heute Abend unterwegs. Die letzten Geschäftsleute steuern mit ihren Smartphones am Ohr zur U-Bahn. Touristen mit großen Kameras stehen überall im Weg herum und junge Frauen mit riesigen Einkaufstaschen kommen aus den funkelnden Einkaufspalästen heraus. So viele Geschäfte, die Mareike nicht kennt! Maude hatte ihr erklärt, dass die Rue Sainte-Catherine die Haupt-Einkaufsstraße sei und die ganze Innenstadt durchquere. Dort sind auch die meisten großen Einkaufsketten zu finden. Fast den gesamten Sommer ist die Straße gesperrt für die verschiedenen Festivals, die eines nach dem anderen Leben in die sonst etwas graue Innenstadt bringen.

Schon von Weitem hört Mareike die wummernden Bässe. Als sie um die letzte Ecke biegt, empfängt sie ein Meer von bunten Lichtern und aufwendigen Straßendekorationen. Das Konzerthaus im Hintergrund ist hell erleuchtet. Ein anderer großer Klinkerbau, der die Zentrale des Jazzfestivals zu sein scheint, hat über die gesamte Front riesige Fotos von Jazzlegenden gespannt. Das sieht wirklich beeindruckend aus. Auf den Dachterrassen der Luxushotels um den Platz herum haben sich Gäste mit ihren Sektgläsern versammelt. Und unten auf dem Platz sind sooo viele Menschen! Du meine Güte. Sie steht noch sehr weit von der Bühne entfernt. Wie soll sie denn jemals näher an die Show herankommen? Es ist gerade erst 19 Uhr. Um 20 Uhr soll der erste Teil der Vorstellung beginnen. Neugierig reckt Mareike den Hals und sucht den Haupteingang, eine Kasse oder Ähnliches. Jetzt fällt ihr ein, dass sie ganz vergessen hat, Maude zu fragen, wie viel der Eintritt kostet. Der *Cirque du Soleil* ist sicher nicht ganz billig.

Mareike drängt sich durch die immer dichter werdende Menschenmasse und kann zwar weit und breit keine Absperrung, aber auch keinen Eingang zum Konzert entdecken. Wie seltsam. Das kommt ihr doch alles etwas unorganisiert vor. Schließlich findet sie auf einer Treppe einen Platz zum Sitzen und ruht sich etwas aus. *»De la bière, de la bière! Qui veut de la bière?«* – Bier, Bier! Wer möchte Bier? Ein sportlich aussehender junger Mann, der ein Labatt-Blue-T-Shirt trägt, von einer kanadischen Brauerei, die dem T-Shirt zufolge 1847 in London/Ontario gegründet wurde, balanciert ein Tablett voller Plastikbecher mit Bier hoch über seinem Kopf durch die Menge und kommt auf Mareike zu. Er wird schnell umlagert von einer Gruppe relativ jung aussehender Mädchen, die laut kreischend so viel Bier kaufen, wie sie tragen können, und dann lachend in der Menge verschwinden. Liegt in Nordamerika nicht die Grenze für Alkoholkonsum bei 21 Jahren? Die Mädchen sind definitiv viel, viel jünger. Na ja. Vielleicht nehmen es die Kanadier damit nicht so genau. Mareike kauft sich ebenfalls ein Bier und versucht, näher an die Bühne zu kommen. Aber da ist nichts zu machen. Die Menschen stehen so eng gedrängt, dass Mareike lieber kehrtmacht, bevor sie noch Platzangst bekommt.

An einer Straßenecke neben einem Hotdog-Stand findet sie einen halbwegs ruhigen Platz, von dem aus sie doch noch einen guten Blick auf die Bühne hat, die am anderen Ende der Stadt zu stehen scheint. Da beginnt auch schon der Auftakt der Show! Wow – der Sound ist selbst hier hinten super! Die Vorstellung ist atemberaubend. Die Artisten fliegen durch die Sommerluft, als hätten sie noch nie etwas von Schwerkraft gehört, und die bunten, satten Farben, die originellen Kostüme und die musikalische Begleitung des Orchesters sind wie aus einer anderen Welt. Die Zeit vergeht wie im Flug.

Um 22 Uhr will Maude Mareike an der U-Bahn-Station Berri-UQAM abholen. Mareike kauft sich noch ein zweites Bier, das nach dem heißen Sommertag wahnsinnig erfrischend ist, und macht sich langsam auf den Weg zum Treffpunkt. In den Seitenstraßen des Festivals wird es sofort ruhiger. Mareike blickt in die düsteren Gässchen zwischen den zum Teil recht alten Häusern. Huh – da sieht es finster aus. Und zugleich erinnert es sie ein wenig an die legendären Straßenzüge New Yorks, wo ebenfalls metallene Feuertreppen an den Fassaden angebracht sind, ab und zu eine Sirene zu hören ist und alles ziemlich verrucht wirkt. Angst hat Mareike hier aber ganz und gar nicht. Dafür sind noch zu viele Menschen unterwegs und auch zu später Stunde die Cafés und Restaurants noch zu gut besucht. Die Stadt sprudelt vor Lebendigkeit. Und immer wieder hat Mareike einen ganz eigenen Geruch in der Nase – wie geräuchertes Fleisch. Komisch.

Einige Straßen vom Festival entfernt, bemerkt sie, dass manche Passanten sie etwas seltsam anschauen. Verunsichert blickt Mareike an sich herab. Hat sie Ketchup auf ihrem T-Shirt, ist ihr Rock verrutscht oder sieht man ihr so sehr an, dass sie eine unwissende Touristin ist? Egal. Selig, so einen schönen Abend gehabt zu haben, und verrückterweise auch noch gratis, schlendert sie den Boulevard Saint-Laurent hinunter. Neben etwas heruntergekommenen, aber sehr charmant wirkenden zweistöckigen Gebäuden finden sich immer wieder ein schickes Restaurant oder kleine Designerläden. Eine schöne Mischung, findet Mareike. Das Jazzfestival soll noch eine ganze Woche dauern. Sie hat in dem dicken Programmheft von einigen Bands gelesen, die sie unglaublich gerne sehen möchte. Sogar Norah Jones soll auftreten. Aber das Konzert ist bestimmt richtig teuer. Sie muss unbedingt Maude fragen, wie das mit den Tickets … *»Excusez-moi, Mademoiselle, vous n'avez pas le droit de boire de l'alcool au public.«* – Entschuldigen Sie, junge Dame, Sie dürfen in der Öffentlichkeit keinen Alkohol trinken.

Mareike war so in Gedanken, dass sie die Polizisten gar nicht bemerkt hat, die sich vor ihr aufgebaut haben. Sie hat kein Wort verstanden. War das Konzert doch kostenpflichtig?

»Ich habe wirklich eine Kasse gesucht, aber keine gefunden. Tut mir echt leid, aber wenn Sie das Festivalgelände so schlecht abriegeln, dann lädt das ja geradezu blinde Passagiere ein!«

Die Polizisten beäugen Mareike belustigt, während sie sich auf Englisch mit ihrem starken Akzent aufregt. Jetzt wird sie noch nicht einmal von der Polizei ernst genommen!

Was ist diesmal schiefgelaufen?

Mareike hat den Grund dafür, dass die Polizisten sie angehalten haben, missverstanden: Anders als in Deutschland darf in ganz Kanada (wie auch in den USA) kein Alkohol in der Öffentlichkeit getrunken werden. Daher stammt auch die berühmte braune Papiertüte, in der man seine alkoholhaltigen Getränke gerne versteckt. Wenn man beim Alkoholkonsum in der Öffentlichkeit erwischt wird, droht eine saftige Geldstrafe – theoretisch kann man sogar festgenommen werden. Touristen kommen durchaus auch einmal mit einer Verwarnung davon, wenn sie es nicht übertreiben. Verlassen sollte man sich darauf aber nicht.

Montréal wird im Sommer von Festivals belagert – es findet eines nach dem anderen statt: ein Comedyfestival, ein Jazzfestival, ein Popfestival, ein Afrikafestival, ein Filmfestival… Die Festivalzeit scheint nie aufzuhören und bringt eine tolle Stimmung in die Stadt. Das Jazzfestival ist wohl das berühmteste. Hier traten schon Jazzgrößen wie Ray Charles oder Miles Davis auf und ziehen nicht nur viele Touristen, sondern auch einheimische Zuschauer an.

Mareike hat sich übrigens völlig umsonst Sorgen gemacht: Ein Großteil der Konzerte ist tatsächlich gratis! Vor allem diejenigen auf dem Festivalgelände rund um den Place des Arts. Der liegt mitten in der Innenstadt Montréals und ist das Herz des neu entstehenden Quartier des Spectacles. In unmittelbarer Nähe finden sich verschiedene Konzertsäle, das Museum für zeitgenössische Kunst, die Oper und das Ballett Montréals. Andere Festivals wiederum finden in den verschiedenen Konzert- und Veranstaltungssälen der Stadt statt und kosten Eintritt. Viele Einheimische, die *downtown* arbeiten, gehen gleich nach der Arbeit zum Place des Arts, treffen sich dort mit Freunden und lauschen den ersten Konzerten des Abends.

Gerade bei der Anfangsshow treten immer besonders berühmte Künstler auf und die Fans kommen oft drei bis vier Stunden vorher, um möglichst nah an der Bühne zu stehen. Wer wie Mareike eine Stunde vor Beginn ankommt, darf daher nicht enttäuscht sein, wenn er weiter hinten ausharren muss. Allerdings werden überall große Leinwände und Lautsprecher aufgestellt, sodass der Besuch des Festivals – egal, welchen Platz man bekommt – immer ein Genuss ist.

Kanada – das Land der Festivals

Kanada ist ein kulturell sehr vielfältiges Land, was sich auch in der Diversität der vielen Festivals widerspiegelt. Hier nur eine kleine Auswahl der bekanntesten Festivals in Kanada:

Symphony of Fire, Vancouver: Der weltweit größte Feuerwerk-Wettbewerb findet jeden Sommer über mehrere Wochen statt. Ähnliche Festivals gibt es auch in anderen Städten, zum Beispiel in Montréal.

Calgary Stampede, Calgary: Eine riesige zehntägige Cowboy-Show, die jedes Jahr im Juli draußen stattfindet.

Edmonton Folk Festival, Edmonton: Ein großes Folk-Festival, jährlich im August, sehr beliebt und eher preisgünstig.

Toronto International Film Festival, Toronto: Kanadas wichtigstes Filmfestival, das auch international einen sehr guten Ruf genießt.

Winterlude, Ottawa: Eines der vielen Winterfestivals, mit denen die Kanadier die tiefen Temperaturen feiern. In den ersten Februarwochen gibt es Eisskulpturen, Schneespielplätze und unendlich viele weitere Aktivitäten.

Montreal International Jazz Festival, Montréal: Über 500 Konzerte, davon über die Hälfte gratis, internationale Musiker und die Geburtsstätte vieler junger Künstler.

Just for Laughs, Montréal: Seit 1983 bringen internationale Comedians die Stadt jedes Jahr im Juli zum Lachen. Ein buntes Straßenfest mit vielen kostenlosen Aktivitäten rundet das Programm ab. Das Festival ist so erfolgreich, dass daraus sogar eine Fernsehshow entstand.

Québec Winter Carnival, Québec City: Es bringt nichts, die Kälte zu bekämpfen, müssen sich die Bewohner Québecs gedacht haben. Wir feiern den Winter! Und so findet jeden Januar/Februar der weltweit größte Winterkarneval statt.

Angst muss man in der Innenstadt übrigens in der Regel nicht haben. Aufpassen sollte man aber schon und keine dunklen oder besonders einsamen Wege wählen. Die Cafés sind teilweise 24 Stunden geöffnet, sodass man immer auf Menschen stoßen wird. Architektonisch erinnern manche Ecken Montréals tatsächlich an New York in klein. Die Innenstadt zeichnet sich durch eine bunte Mischung von urigen Gebäuden aus dem 19. Jahrhundert, verschachtelten 1960er- und 1970er-Bauten und schicken modernen, teils ökologisch gebauten Hochhäusern aus. Der Geruch, der die ganze Stadt durchzieht, kommt tatsächlich vom *Smoked Meat*. Dazu später mehr.

Was können Sie besser machen?

Im Tourismusbüro (1555 Rue Peel) gibt es bereits Wochen vorher das sehr ausführliche Programmheft des Jazzfestivals. Es erscheint zweisprachig, auf Englisch und auf Französisch, und bietet einen hervorragenden Überblick der zahlreichen Veranstaltungen. Auch Informationen zu den kostenpflichtigen Konzerten und zu den Tickets finden sich dort. Zu den öffentlichen Veranstaltungen auf dem Place des Arts, wo oft weltberühmte Künstler auftreten, sollte man möglichst früh kommen oder in Kauf nehmen, dass man weit von der Bühne entfernt steht. Die Akustik allerdings ist auf dem gesamten Platz hervorragend.

An kleinen Ständen am Rande des Festivals kann man auch Bier erwerben. Außerhalb der abgegrenzten Bereiche dieser Verkaufsstände bzw. außerhalb des Festivalgeländes sollte man jedoch keinen Alkohol zu sich nehmen. Wird man doch einmal von der Polizei beim Konsum von Alkohol in der Öffentlichkeit erwischt, sollte man unbedingt höflich bleiben und versuchen, die Situation zu erklären. Manchmal gibt es aber nichts mehr zu verhandeln und man muss die Geldstrafe einfach in Kauf nehmen.

Jugendliche und Alkohol

Das Mindestalter für Alkoholgenuss wird von jeder Provinz selbst festgelegt. In Alberta, Manitoba und Québec darf man ab 18 Jahre Alkohol trinken. Im Rest Kanadas erst mit 19 Jahren. Aufgrund der geringen Entfernung zu den USA kommen daher oft US-amerikanische Jugendliche nach Montréal und profitieren von der niedrigeren Altersgrenze. Eben solche Mädchen hat Mareike auf dem Festival gesehen. Sofern sie 18 Jahre alt waren, durften sie also vollkommen legal Bier kaufen.

Viele Restaurants, Bars und Läden, die Alkohol verkaufen, fragen nach zwei Ausweisen: Einer muss von einer offiziellen Stelle ausgestellt sein, zum Beispiel ein Pass mit Name, Unterschrift, Foto und Geburtsdatum. Der andere muss Name und Unterschrift aufweisen, zum Beispiel eine Kreditkarte.

Wird man als Minderjähriger beim Alkoholgenuss erwischt, hat dies ernsthafte rechtliche Folgen. Die Polizei achtet sehr genau darauf, ob Minderjährigen in Bars und Restaurants Alkohol gegeben wird. Daher sind auch die Lokalbetreiber sehr streng und überprüfen meistens das Alter.

7 Wenn Indianer so gar nichts mit Karneval zu tun haben

Tipis und Friedenspfeifen

Vorsichtig versucht Mareike etwas Milch in ihren Kaffee zu gießen. Die Milchpackung aber ist wie vieles in Nordamerika überdimensional groß, sodass es Mareike schwer fällt, die Balance zu halten. Und Geschicklichkeit hat auch noch nie zu ihren Stärken gezählt. Schwapp – schon breitet sich eine schöne Milchpfütze über ihren Stadtplan aus, den sie auf Maudes Küchentisch ausgebreitet hat. Mist. Schnell rettet sie, was zu retten ist, und wischt die Milch mit einem Küchenschwamm auf. Dabei fällt ihr Blick auf einige beige gefärbte Gegenden auf dem Stadtplan, am Rande von Montréal. Es sind dort keine Straßen oder Namen eingezeichnet. Lediglich ein dickes Wort prangt in der Mitte der Fläche: *Réserve*. Davon hat sie schon gehört! Das ist die Gegend, wo die Indianer leben! Ein Indianerdorf? So nah an der Großstadt? Müsste das nicht mitten in der Wildnis liegen? Seltsam. Mareike hat sich noch nie Gedanken gemacht, wo die Ureinwohner Kanadas eigentlich abgeblieben sind.

In diesem Moment klopft es an der Hintertür der Küche. Eine kleine Frau mit einem schicken braunen Kurzhaarschnitt steht vor der Tür und winkt durch das Fenster. Caroline, Maudes Nachbarin, schaut gerne mal vorbei. Sie kommt aus Vancouver, was Mareike sehr spannend findet, weil sie unbedingt noch den Westen Kanadas sehen möchte.

»I've made you some cupcakes, dear« – Ich habe dir ein paar Cupcakes gemacht, flötet Caroline als Mareike die Tür öffnet, stürmt in die Küche und breitet die runden Küchlein mit ihren Zuckerguss- und Cremehauben, auf denen Streusel und Kirschen prangen, auf dem Tisch aus.

»Ich liebe Backen. Oh, planst du eine Stadttour?«, fragt sie, als sie den Stadtplan auf dem Tisch sieht.

»Ja, ich habe mir gerade überlegt, einen Ausflug zu dem Indianerdorf zu machen.«

Carolines ratloser Blick verrät ihr, dass sie sich falsch ausgedrückt haben muss.

»Weißt du, die *indians*, Indianer … die Ureinwohner dieses Kontinents«, versucht Mareike es erneut und beginnt wie ein Indianer aus Winnetou Geräusche zu machen. Carolines Blick wird immer düsterer.

»Schätzchen, das ist nicht lustig. Du solltest auf deine Wortwahl aufpassen. Wenn du magst, zeige ich dir, wie es dort aussieht. Heute ist mein freier Tag.«

Verwundert schnappt Mareike sich ihre Handtasche und folgt Caroline nach draußen.

Mit Carolines Wagen fahren sie auf der Brücke Jacques Cartier über den Sankt-Lorenz-Strom. Von hier aus ist der Blick auf Montréal unglaublich. Die Skyline mit den vielen Hochhäusern schimmert in der Sonne und wird umrahmt vom Mont Royal, der majestätisch hinter der Innenstadt thront. Unter ihnen fließt der Fluss, der hier schon ganz schön breit ist. Erst jetzt fällt Mareike auf, dass Montréals Hafen gar nicht so klein ist. Als sie eine Weile auf der Rive Sud/South Shore (so wird das südliche Ufer des Sankt-Lorenz-Stroms genannt, obwohl es eigentlich geografisch gesehen eher im Südosten liegt) vorbei an verschiedenen Vororten Richtung Südwesten gefahren sind, häufen sich mit einem Mal kleine Stände, an denen Zigaretten verkauft werden. Drei Dollar für eine Packung! Ob das legal ist? Sonst kostet eine Packung doch eher um die sechs Dollar. An einer unscheinbaren Kreuzung biegen sie rechts ab und fahren an einem Schild vorbei, auf dem *»Kahnawà:ke Mohawk Nation Territory«* steht. Sie kommen an einfachen Einfamilienhäusern vorbei, vor manchen sitzen gelangweilt aussehende Teenager. Einige beäugen Mareike und Caroline etwas misstrauisch. Davon lässt Caroline sich nicht abschrecken und parkt ihr Auto neben einem schmucklosen Gebäude in der Mitte des Ortes. Verwundert blickt Mareike um sich, als sie aus dem Auto steigt.

»Und wo sind die Tipis?«

Im Fernsehen in Deutschland hat sie doch gesehen, dass es noch immer Indianer gibt, die ganz ursprünglich leben. Caroline runzelt die Stirn und wirft ihr nur einen schrägen Blick zu. Gemeinsam betreten sie das große Gebäude. *»Kanien'kehá:ka Onkwawén:na Raotitióhkwa – Language and Cultural Center«* steht dort.

In dem liebevoll gestalteten Kulturzentrum finden die beiden eine kleine Ausstellung über die Geschichte der Ureinwohner. Caroline erklärt: »Wir sind hier auf dem Land der *Kahnawake Mohawk*. Das ist ein Reservat von traditionell Iroquoian sprechenden Mohawk, na ja, eigentlich korrekterweise Kanien, ein ganz alter Ureinwohner-Stamm. Zu ihnen zählen heute etwa 8.000 Menschen, die aber nicht alle in diesem Gebiet leben. Sie sprechen überwiegend Englisch.«

»Warum wohnt hier niemand sonst? Ich sehe keinen einzigen Menschen mit einer anderen Hautfarbe.«

»Nein, das geht nicht. Dieses Land ist für sie reserviert. Sie haben ja schon genug verloren. Ursprünglich ging ihr Land sogar bis unten an den Fluss. Das mussten sie schon abgeben, weil Kanäle und Brücken gebaut wurden. Sie kannten sich sehr gut aus mit dem Fluss, wussten über die verschiedenen Strömungen Bescheid und wo man am besten Fische fängt. Traurig genug, dass man sie umgesiedelt hat. Das hat vieles in ihrer Gemeinschaft durcheinandergebracht und wertvolles Wissen ist verloren gegangen. Und in der Gemeinschaft der Kolonialisten hat man es ihnen fast nie ermöglicht, einen Job zu bekommen, sodass sich die Mohawk hätten ernähren können. Weil man in den Anfangszeiten der Kolonie glaubte, dass sie keine Höhenangst hätten, bekamen sie Ureinwohner nur die gefährlichsten Jobs auf Baustellen. Nicht selten fielen sie in den Tod. Allein 1907 bei dem Bau der Québec-Brücke sollen insgesamt 33 Mohawk-Bauarbeiter ums Leben gekommen sein, als die Brücke wegen eines Konstruktionsfehlers kollabierte.«

»Und warum ziehen sie nicht in die Stadt, wo es doch viel schöner ist? Dort gibt es doch auch mehr Universitäten und Möglichkeiten für sie.«

»Das können viele sich nicht leisten, Mareike. Außerdem ist das hier ihr zu Hause.«

Traurig folgt Mareike Caroline zurück zum Auto. So hat sie sich ein Indianerdorf nicht vorgestellt.

Was ist diesmal schiefgelaufen?

Das Wort *»indians«* (Indianer), das Mareike gebraucht hat, klingt in den Ohren vieler Nordamerikaner eher abwertend. Das Gleiche gilt übrigens für das Wort *»eskimo«* als Bezeichnung für die Ureinwohner ganz im Norden Kanadas, das im schlimmsten Fall als diskriminierend empfunden wird. Der Begriff Eskimo kommt aus der Algonquinsprache und bedeutet »Rohfleischesser«. Auch deshalb ist es verständlich, dass die Bezeichnung von den Inuit (Singular: Inuk) abgelehnt wird. Man unterscheidet die Inuit-Gruppen nach ihren wirtschaftlichen und kulturellen Traditionen, zum Beispiel die Karibu-, die Labrador- oder die Kupferinuit. Wie die Indianer meistens nicht mehr in Tipis leben, schon gar nicht so nahe der Großstadt, leben auch die Inuits schon lange nicht mehr in Iglus. Meist ernähren sie sich vom Fischfang oder durch den Abbau von Bodenschätzen. Auch hier ist jedoch die Arbeitslosigkeit groß, was Depressionen und Alkoholismus zur Folge haben kann. Auch nach so vielen Jahren hat Kanada noch keinen Weg gefunden, die sozialen Probleme der Ureinwohner des Landes zu lösen.

Das Wort *réserve/reserve* deutet nicht auf ein typisches Indianerdorf hin, wie Mareike dachte. Damit sind vielmehr die Landstücke gemeint, auf denen nach dem *Indian Act* des britischen Königshauses kanadische Indianerstämme angesiedelt worden sind.

Eine *réserve* ist oft in einzelne Landpartien unterteilt, die ebenfalls *réserves* genannt werden. So kommt es, dass 3.000 *réserves* in Kanada auf 615 *First Nations* verteilt sind, auf die indigenen Völker des Landes. Die Zersplitterung des Stammbesitzes nimmt vor allem in British Columbia andere Dimensionen an, wo 198 Stämme 1.702 Reservate besitzen. Die Landstücke können ausschließlich von Stammesmitgliedern erworben und nicht verliehen, enteignet oder beliehen werden. Hinzukommt, dass innerhalb eines Reservats persönlicher Besitz der Bewohner frei von Steuern ist.

Kanadische *First Nations* und ihre Sprachen

Unter den kanadischen Ureinwohner gibt es mehr als 50 Sprachen, die wissenschaftlich teils nicht klar voneinander abzugrenzen sind. In Kanada leben ca. 600 anerkannte *First-Nations*-

Gruppen und viele, die nicht offiziell anerkannt sind. 190 davon in British Columbia. Insgesamt gibt es etwa 600.000 Indianer in Kanada. Anishinabe und Cree sind die am weitesten verbreiteten Sprachen, gefolgt von Mi'kmaq. In den Nordwest-Territorien gibt es neun offizielle Sprachen: Dene Suline, Cree, Gwich'in, Inuinnaqtun, Inuktitut, Taicho, Inuvialuktun, Nördliches und Südliches Slavey.

Nicht zu den *First Nations* gehören die Inuit und die Métis (Nachfahren von überwiegend europäischen Siedlern und indigenen Frauen). In ihrem Territorium sprechen ca. 30.000 Inuit Inuktitut. Weitere offizielle Sprachen sind Inuinnaqtun, Englisch und Französisch. Die Métis sprechen sowohl Französisch als auch Michif, eine Sprache die mit dem Cree verwandt ist.

Der Großteil der kanadischen Ureinwohner lebt in Reservaten. Doch dort sind die sozialen Probleme oft groß. Nicht nur die Arbeitslosigkeit ist in den *réserves* höher als im Rest des Landes, auch der Alkoholismus ist weiter verbreitet und teils ein Problem, das kaum in den Griff zu bekommen scheint. Da die Reservate oft sehr abgelegen liegen, gibt es wenige Möglichkeiten, eine Arbeit zu finden oder sich weiterzubilden. Von Infrastruktur und Verkehrsanbindungen abgeschnitten, entwickelt sich schnell Perspektivlosigkeit. Aus diesem Grund wurde im Jahr 2000 die *First Nations University* in Regina, Saskatchewan eröffnet.

Neben Alkohol ist auch das Glücksspiel Auslöser sozialer Probleme. Manche Reservate haben dies aber zu ihrem Vorteil gedreht, Kasinos eröffnet und damit große Gewinne gemacht. Andere haben rigoros Alkohol verboten. Oft sind in den Reservaten zum Beispiel Tabakwaren geringer besteuert und daher günstiger zu erwerben als im Rest Kanadas. Wirtschaftlich erfolgreicher sind zudem die Reservate, die Ressourcen vorweisen können wie Bodenschätze oder Holz oder die in touristisch interessanten Gebieten liegen – doch oft wurden den Indianern in der Geschichte Gebiete zugewiesen, die weder das eine noch das andere erfüllen.

Die Benachteiligung der *First Nations* soll inzwischen durch verschiedene Maßnahmen aufgefangen werden. So bemüht man sich, Bildungsprogramme zu entwerfen, medizinische Hilfe auch in abgelegenen Gegenden zu gewährleisten und die Entscheidungsbefugnis der *First Nations* zu vergrößern. All das kann jedoch nicht darüber hinwegtäuschen, dass im Laufe der Geschichte eine extrem hohe wirtschaftliche Abhängigkeit entstanden ist und die Anpassung an die moderne Welt die Ureinwohner zur Aufgabe eines Lebensstils zwang, der perfekt an die natürliche Umwelt angepasst war.

Was können Sie besser machen?

Die korrekte Wortwahl beim Thema Ureinwohner ist nicht unwichtig, wenn man es sich mit niemandem verscherzen will. Mit *aboriginal people/autochtones* sind alle Ureinwohner gemeint, auch die Inuit und Métis. Die *First Nations/premières nations* bilden die größte Gruppe davon.

Am wichtigsten ist es, Respekt zu zeigen. Die *First Nations* freuen sich, wenn man sich für ihre Geschichte interessiert. In den Reservaten ist meistens nicht viel zu sehen – man sollte sie sich nicht wie ein Indianerdorf bei den Karl-May-Festspielen vorstellen! Jedoch kann man diese in Museen besichtigen. 300 Kilometer östlich der Hafenstadt Prince Rupert gibt es beispielsweise das Fort St. James, wo ein Indianerdorf, das *Carrier Indian Village*, besucht werden kann. Möchte man eine intensivere Begegnung, organisieren Reiseveranstalter Treffen mit Mitgliedern der *First Nations*, zum Beispiel in Tsal'alh, British Columbia, einem Indianerdorf am Seton Lake. In Ottawa gibt es das hervorragende *Musée canadien des civi-*

lisations. Dort wird die Geschichte Kanadas in all ihren Facetten beleuchtet. In der *First People Hall* erfährt man mehr zum Thema Ureinwohner.

In der Nähe von Calgary liegt das größte Freilichtmuseum, das im Besitz eines Stammes der *First Nations* ist. Im *Blackfoot Crossing Historical Park* und im dazugehörigen Museum kann man mehr über die Lebensweise der *Blackfoot Nation* erfahren.

8 Wozu braucht man schon Fenster?

Deutsche Standards und kanadischer Leichtbau

55, 56, 57 … weit kann es nicht mehr sein. Der nette junge Mann am Telefon namens Guillaume hat von der Hausnummer 68 gesprochen, wenn Mareike ihn richtig verstanden hat. Es ist bereits Mitte August, die Hitze liegt nach wie vor wie eine Käseglocke über Montréal und Mareike wohnt nun bald schon zwei Monate bei Maude. Eigentlich hat sie nur vier Wochen dort bleiben wollen, aber dann ist es doch zu bequem gewesen. Langsam nervt Mareike aber die Entfernung zur Innenstadt, sodass sie nun auf der Suche nach einer netten WG in einem der angesagtesten Stadtteile von Montréal ist: dem Plateau-Mont-Royal.

Maude hat sie morgens auf dem Weg zur Arbeit an der U-Bahn-Station Mont Royal abgesetzt und etwas seltsam beäugt, als Mareike ihr die Hausnummer nannte. »Vergiss nicht, dass wir in Amerika sind!«, hat sie Mareike noch hinterhergerufen und ist davon gebraust. Was sollte das jetzt schon wieder heißen? Mareike macht es nichts aus, ein bisschen zu laufen. Und so weit kann es ja nun auch wieder nicht sein.

Mareike wandert eine der parallel verlaufenden Straße hinauf Richtung Norden. Hier sieht es ganz anders aus als in der Innenstadt oder draußen bei Maude. Zwei- bis dreistöckige niedliche Häuser reihen sich aneinander, jedes in einer anderen Farbe, manche sogar in Türkis, Gelb, Blau oder Rot. Und alle haben sie schmiedeeiserne Wendeltreppen an der Vorderfront, die in das zweite Stockwerk führen. Vor manchen Häusern stehen krumme Skulpturen, bei anderen sind kleine Kunstwerke an der Fassade angebracht worden. Viele junge Eltern mit ihren Kindern kommen Mareike entgegen, manche sogar auf dem Rad. Was für ein schönes Viertel! Hier fühlt sich Mareike sofort wohl.

Zehn Minuten später steht sie vor einem schicken Altbaugebäude und klingelt bei der Wohnung mit der Nummer 68. Niemand da. Auch auf das zweite und dritte Klingeln reagiert niemand. Am besten ruft sie den Typen einfach noch mal an. Ob sie hier eine Telefonzelle findet? Was für ein Glück: An der nächsten Straßenecke steht eine. Und auf der anderen Straßenseite gleich noch eine. So ein Zufall. Doch, Mist – sie hat nur noch 50 Cent im Portemonnaie. Damit wird sie nicht weit kommen. Als Guillaume ans Telefon geht, versucht Mareike, so schnell es ihr Französisch erlaubt, Guillaume die Situation zu erklären.

»Aber es ist niemand vor meiner Tür. Bist du sicher, dass du vor der 1068 stehst?«, wundert sich Guillaume.

Oh nein. Mareike hat sich mit der Hausnummer vertan.

»Ich bin schon unterwegs!«, ruft sie und legt schnell auf, bevor sie das Gespräch noch mehr kostet.

Eine geschlagene Stunde später steht sie völlig außer Atem und mit wunden Füßen vor der Nummer 1068. Nanu, das ist ja eine Wohnung im ersten Stock. Hat Guillaume nicht vom zweiten Stock gesprochen? Müde stapft sie die Wendeltreppe hinauf.

Was für eine seltsame Idee, draußen Wendeltreppen anzubringen. Bei dem Winter, den die Kanadier angeblich haben! Einen Moment passt sie nicht auf und rutscht an der Stelle, wo die Stufen besonders schmal sind, beinahe ab. Sie kann sich gerade noch am klapprigen Geländer festhalten. Na super. Jetzt bricht sie sich auch noch fast den Hals.

Guillaume empfängt sie mit einem Küsschen auf jeder Wange und führt sie durch die Wohnung.

»Das Zimmer in der Mitte ist meins. Du kannst gerne das mit dem Fenster haben, es ist allerdings etwas teurer.«

Mareike traut ihren Augen nicht.

»Wie – hast du etwa kein Fenster?!«

»Ja, das macht aber nichts. Ich bin ohnehin meistens in der Uni.«

Erstaunt folgt Mareike ihm in ihr potenzielles Zimmer. Es hat einen schönen Holzfußboden und ein großes Fenster zur Straße. Sie sucht nach dem Fenstergriff, um es zu öffnen, kann aber keinen finden. Guillaume schaut ihr belustigt zu und kommt ihr schließlich zur Hilfe. Locker schiebt er das Fenster nach oben, wobei es beinahe aus den Angeln fliegt.

»Das Haus ist alt, man muss überall ein wenig aufpassen.«

Mareike schaut sich den Rest der Wohnung an und fühlt sich auf Anhieb wohl. Es ist zwar alles sehr anders als in Deutschland, aber ganz heimelig, die Wände sind in bunten Farben gestrichen. Sie klopft einmal gegen die Wand ihres Zimmers, um zu schauen, wie dick sie ist, und ist überrascht, als sich die Wand ganz hohl anhört. Eine Tapete ist auch nicht drauf. Das kann ja nicht besonders schalldicht sein. Und Guillaume ist zwar ganz nett, aber ein bisschen komisch findet sie ihn schon, wenn er in einem Zimmer ohne Fenster wohnt. Das Haus scheint ihr auch nicht das stabilste zu sein und jede Sekunde zusammenzubrechen. Ob sie darin wohnen möchte?

Was ist diesmal schiefgelaufen?

Mareike hat die amerikanischen Entfernungen vollkommen unterschätzt, was Maude anscheinend schon geahnt hat. Als die nordamerikanischen Städte geplant wurden, hat man sie in einem einfachen Schachbrettmuster gestaltet. Anders als in Europa haben sich die Städte also nicht auf natürliche Weise Stück für Stück und daher kreuz und quer entwickelt, sondern sind weitaus klarer strukturiert. Dies hat auch sehr lange Straßen zur Folge, manchmal geht es von einem Ende der Stadt zum anderen schnurstracks geradeaus.

Mareike musste von der Hausnummer 68 bis zur 1068 laufen – das ist ganz schön weit und kann leicht eine Stunde dauern.

Telefonzellen gibt es an fast jeder Straßenecke, also weit mehr als bei uns. Was Mareike nicht wusste: Ein Anruf kostet 50 Cent, egal wie lange er dauert, zumindest bei Gesprächen innerhalb derselben Stadt. Sie hätte so lange telefonieren können, wie sie möchte, und sich gar nicht so hetzen müssen.

Guillaume hat sich bei den Stockwerken nicht etwa vertan, sie werden in Nordamerika nur anders gezählt. Das Erdgeschoss ist Stockwerk Nummer eins, unser erster Stock wäre dort der zweite und so weiter. Die Bausubstanz der kanadischen Häuser ist etwas leichter als bei uns, nicht zuletzt weil sie auch erheblich günstiger sind. Gerade die Häuser auf dem Montréaler Plateau sind zum Teil besonders alt und nicht immer gut renoviert. Da kann es schon mal passieren, dass einem die Türklinke entgegenspringt, ein Fenster mehr Luft durchzulassen scheint, wenn es geschlossen ist, als wenn es geöffnet ist, und man durch die Wände jeden Mucks hört. Besonders in den Altbauten sind die Wohnungen oft lange Schläuche, sodass die Zimmer in der Mitte automatisch kein Fenster haben. Das ist völlig legal. Fenster öffnen sich meistens, indem man sie nach oben schiebt. Die modernere Variante hat Kurbeln, mit denen man sie nach außen aufkurbelt. Wände sind oft aus Rigips, ohne Tapeten, aber dafür mit einer schön glatten Oberfläche, die sich einfach streichen lässt.

Unter anderem deswegen gibt es auch mehr bunte Wände und weniger Einheitlichkeit als bei uns durch die typischen weißen Raufasertapeten.

Wendeltreppen in Montréal

Man mag sich fragen, warum in einer Stadt wie Montréal, die im Winter monatelang unter Bergen von Schnee verschwindet, Häuser gebaut werden, deren Treppen nicht als Treppenhaus im Haus liegen, sondern offen für jedermann als Wendeltreppen draußen am Haus emporklettern.

Im 19. Jahrhundert wurde der Wohnraum in der wachsenden Stadt knapp. Man musste schnell und günstig neue Unterkünfte bauen. So wurden unendlich viele Häuser mit zwei, manchmal drei Etagen gebaut, jede Etage für eine Familie. Um die Heizkosten niedrig zu halten, wurden die Oberflächen der Fassaden so gering wie möglich gehalten und die Wohnungen eher in die Länge gebaut. Da in diesem Fall die Treppe viel Wohnraum genommen hätte, wurde sie kurzerhand draußen angebracht.

Ein weiterer, fast noch wichtigerer Grund war, dass die Stadt die Hausbauer verpflichtete, ein Minimum an grüner Fläche vor den Häusern zu lassen, damit die entstehenden Arbeiterviertel wenigstens etwas Natur hatten. Dies alles hat zur einzigartigen Architektur Montréals geführt, mit ihren oft kunstvoll gestalteten Treppen und sehr individuellen Vorgärten. Das Plateau ist heute das beliebteste Wohnviertel, auch bei Künstlern, Studenten und jungen Familien, allerdings wird es zunehmend teurer. Die dicht aneinandergeschmiegten Reihenhäuser haben meist ein bis zwei Stockwerke. Zum ersten Stock führt grundsätzlich eine steile gewundene Außentreppe aus Metall. Manche Bewohner schmücken diese mit Blumen, andere malen sie bunt an. Manche der Vordergärten unter den Treppen erinnern an wilde Blumenwiesen, andere sind kunstvoll mit Skulpturen oder akkurat geschnittenem Rasen gestaltet.

Was können Sie besser machen?

Bevor man zu einem Termin aufbricht, lohnt es sich, die Hausnummer nachzuschauen und auf einem Stadtplan zu verfolgen, auf welcher Höhe der Straße das Haus ist. Hilfreich ist hier das Schachbrettmuster der nordamerikanischen Städte, sodass man sich gut eine Ecke merken kann, an der sich eine Straße mit der anderen kreuzt.

Eine weitere Orientierungshilfe ist die Aufteilung der Städte in Ost und West: Nordamerikanische Städte haben oft einen zentralen Boulevard, der die Stadt in Ost und West teilt. Die den Boulevard kreuzenden Straßen heißen dann dementsprechend Street West oder Street East. In Montréal zum Beispiel ist diese Trennlinie der Boulevard St. Laurent, in Toronto die Yonge Street.

Die Bausubstanz älterer kanadischer Häuser sollte Sie nicht nervös machen. Sie sind trotzdem üblicherweise sehr stabil. Aber natürlich sind die Altbauten in den Stadtzentren teils in schlechterem Zustand als die Neubauten, und gute Isolierung ist erstaunlicherweise trotz des harten Winters noch nicht selbstverständlich. Und bei der Zimmersuche lohnt es sich, bereits am Telefon zu fragen, ob der Raum ein Fenster hat. Mit den Außentreppen sollte man tatsächlich ein wenig vorsichtig sein, vor allem bei Regen und natürlich im Winter.

9 Wenn Fortschritt und Rückschritt sich in den Schwanz beißen

Handys und Kontoeröffnungen

Fido, *Telus*, *Rogers* … was für seltsame Namen die Telefongesellschaften hier haben. Mareike hat sich letztendlich doch für das Zimmer bei Guillaume entschieden. Nun hat sie es satt, immer zur nächsten Telefonzelle zu latschen und nie erreichbar zu sein. Also muss ein Handy her. Guillaume hat ihr eine Liste mit den Anbietern geschrieben. *Fido* ist ein lustiger Name, findet Mareike, also macht sie sich auf den Weg zur nächsten Filiale im Plateau. Hier gibt es viele der Geschäfte, die man auch *downtown* findet, nur ist alles etwas kuscheliger und gemütlicher. Vom alten Tante-Emma-Laden über In-Lokale bis zu landesweiten Ketten findet man hier alles. Und dazwischen verbirgt sich immer mal wieder ein afrikanischer, asiatischer oder südamerikanischer Supermarkt. Die *Fido*-Filiale ist überraschend klein und nicht ganz so schick wie die *downtown*, aber dafür kommt Mareike auch sofort dran.

»Guten Tag. Ich brauche ein Handy. Das heißt, ein Handy habe ich eigentlich schon. Ich brauche nur eine SIM-Karte.«

»Darf ich Ihr Handy mal sehen?«

Mareike reicht es dem jungen Verkäufer, der damit erst mal in einen Hinterraum verschwindet. Als er zurückkommt, schüttelt er bedauernd den Kopf.

»Tut mit leid, aber das Handy hat einen SIM-Lock, es ist blockiert für andere Karten.«

Das ist ja seltsam. Mareike hat davon zwar schon einmal gehört, aber nicht gewusst, dass ihr Handy blockiert ist. Jetzt muss sie sich auch noch ein neues Gerät kaufen! Das ist doch bestimmt ein mieser Trick!

Gemeinsam mit dem Verkäufer schaut sie sich die verfügbaren Handys an. Das sind ja alles total alte Modelle, die in Deutschland schon vor fünf Jahren auf dem Markt waren! Wie kommt das denn?

Missmutig wendet sie sich von den Handys ab und will sich erst mal zu den Tarifen beraten lassen. Ein Vertrag kommt schon mal nicht in Frage – die meisten haben eine Laufzeit von drei Jahren! Also eine Prepaid-Karte.

Der Verkäufer tippt auf einen Tarif und sagt freudestrahlend: »Dieser hier ist sehr gut. Da sind sogar die eingehenden Anrufe gratis!« Witzbold. Das ist ja wohl selbstverständlich. Langsam hat Mareike das Gefühl, dass sie übers Ohr gehauen wird. Erst ihr blockiertes Telefon, dann uralte Handy-Modelle und jetzt ein Tarif, bei dem eingehende Anrufe nichts kosten. So ein Schmarren!

»Welche Nummer hätten Sie denn gerne?«, fährt der Verkäufer fort.

Wie, welche Nummer? Die kann man sich doch nicht einfach aussuchen! Der Verkäufer hält ihr einen Zettel mit Vorschlägen hin. 514/443 67 34, 514/556 89 78 … Die sehen aus wie die Nummer von Maudes Anschluss zu Hause: Deren Telefonnummer fängt auch mit 514 an.

»Nein, ich brauche doch ein Handy, keine Festnetznummer.«

Der Verkäufer sieht sie perplex an.

»Jaja, das habe ich schon verstanden. Sie können die letzten vier Ziffern frei wählen, sofern sie noch nicht vergeben sind.«

Mareike versteht die Welt nicht mehr und versucht es mit einer anderen Frage: »Kann man denn die Karten zum Aufladen überall kaufen?«

»Karten? Nein, das läuft alles über Ihr Konto. Haben Sie Ihre Sozialversicherungsnummer dabei? Dann könnten wir gleich den Vertrag aufsetzen.«

Sozialversicherungsnummer? Konto?

»Ein Konto muss ich erst noch eröffnen …«

»Dazu werden Sie auch Ihre Sozialversicherungsnummer brauchen. Und einen Adressnachweis.«

Jetzt schwirrt Mareike endgültig der Kopf. Verwirrt verlässt sie den Laden und will sich erst mal einen Kaffee im *Second Cup* gönnen.

Was ist diesmal schiefgelaufen?

In Deutschland kommt es manchmal vor, dass Handys für andere Anbieter als den aktuellen, mit dem man einen Vertrag hat, blockiert sind, zumindest für einige Jahre. Das ist in Kanada noch wesentlich häufiger. Meistens ist Nordamerika uns technologisch ja um einiges voraus: Internetverbindungen werden innerhalb weniger Tage eingerichtet und nicht mit Wartezeiten von drei bis sechs Wochen wie bei uns, Flachbildschirme gab es praktisch schon, als bei uns noch Schwarz-Weiß-Fernsehen lief, und elektronische Geräte sind generell oft um einiges günstiger.

Interessanterweise war das Telekommunikationssystem lange eine Ausnahme. Als in Deutschland schon jeder Zweite ein Handy besaß, war das in Kanada noch ganz unüblich. Auch heute sind die Kanadier in Sachen Handymodelle uns manchmal noch etwas hinterher, mit Ausnahme einiger Smartphones, die dort oft eher erscheinen und ein wenig günstiger sind.

Die Tarife unterscheiden sich ebenfalls sehr von unseren. Die Laufzeiten sind meistens länger und man zahlt für jeden Klimbim extra. So gibt es zum Beispiel viele Tarife, bei denen es etwas kostet, wenn man die anrufende Nummer sehen möchte oder wenn man angerufen wird.

Zahlensalat

Zwischen Festnetz- und Handynummern gibt es in Nordamerika keine Unterschiede. Sie setzen sich alle aus einem *area code* (der Ortsvorwahl) und einer siebenstelligen Rufnummer zusammen. Im selben Vorwahlgebiet kann meistens auf den *area code* verzichtet werden (Achtung: in den Großstädten jedoch nicht), außerhalb muss oft zusätzlich noch eine 1 vorgewählt werden, zum Beispiel 1 416 / 234 1234. Im Zweifel kann man hierfür aber auch die automatische Ansage abwarten. Die letzten vier Nummern kann man tatsächlich frei wählen, sofern die gewünschte Kombination noch nicht vergeben ist. Auch preislich ist es kein Unterschied, ob man ein Handy oder ein Festnetztelefon anruft. Hingegen ist es teurer, in einer Gegend mit einem anderen *area code* anzurufen bzw. einen *long distance call* zu tätigen, also einen Anruf über eine größere Entfernung. Die *area codes* der größten kanadischen Städte sind:

514 – Montréal	**416** – Toronto
418 – Québec	**403** – Calgary
657 – Vancouver	**902** – Halifax

Tatsächlich gerät man schnell in einen Kreislauf der Bürokratie, will man einen Handyvertrag abschließen: Oft benötigt man eine Sozialversicherungsnummer oder zumindest einen Adressnachweis, auf jeden Fall aber ein Bankkonto. Die Bank wiederum verlangt ebenfalls einen Adressnachweis. Eine Wohnung bekommt man hingegen manchmal erst, wenn man eine Bankverbindung angeben kann.

Was können Sie besser machen?

Wenn man ein freigegebenes Quadband-Handy aus Deutschland mitbringt, kann man es auch vor Ort verwenden. Man muss sich lediglich zuvor bei seinem Telefonanbieter informieren, ob das Gerät für andere Anbieter gesperrt ist und man ohne Probleme eine fremde SIM-Karte verwenden kann.

Bleibt man nur kurz in Kanada, dann lohnt sich ein neuer Handyvertrag kaum, da eine Anschaffung zu viel Aufwand macht. Plant man aber einen längeren Aufenthalt, sollte man auf die Vertragslaufzeit achten. Es gibt jedoch auch Verträge, die man monatlich kündigen kann. Die verschiedenen Optionen, die dazugebucht werden können, verwirren einen schnell. Wenn man oft angerufen wird, sollten eingehende Anrufe unbegrenzt inklusive sein, sonst wird es schnell teuer. Auch muss man beim Telefonieren natürlich darauf achten, ob man innerhalb derselben Stadt, eine Nummer außerhalb oder sogar im Ausland anruft, um hohe Kosten zu vermeiden.

Als Wohnungsnachweis kann unter anderem der Mietvertrag gelten, aber auch Rechnungen, die an die betreffende Adresse und auf den eigenen Namen ausgestellt sind. Wohnt man wie Mareike zur Untermiete, sollte man versuchen, eine schriftliche Bestätigung vom Hauptmieter zu bekommen.

Ein Bankkonto kann man nur eröffnen, wenn man einen Wohnungsnachweis und eine Sozialversicherungsnummer hat. Ist man nur kurz vor Ort, kann man mit seiner normalen EC-Karte gegen Gebühren bei jeder Bank Geld abheben. Die *Deutsche Bank* hat sogar eine Kooperation mit der *Scotia Bank*, sodass man dort gratis Geld abheben kann. Fast überall kann mit der Kreditkarte bezahlt werden, was in vielen Situationen unglaublich hilfreich ist. Allerdings sollte man sich zuvor bei seiner deutschen Bank über die Konditionen informieren.

Manche Banken schlagen bis zu 1,5 Prozent auf den Kaufpreis drauf, bei anderen kostet es nichts extra.

Ohne Moos nix los. Wo man in Kanada sein Geld lässt

Die größten Banken in Kanada sind die *Royal Bank*, die *CIBC*, die *Scotia Bank*, *Toronto-Dominion*, die *Bank of Montreal* und *The National*. Die Gebühren und Konditionen unterscheiden sich teils sehr, sodass es sich lohnt zu vergleichen.

Es gibt verschiedene Arten von Konten, ähnlich dem Girokonto und dem Sparkonto bei uns sowie einer Kombination aus beiden. Ein *checking account* entspricht in etwa unserem Girokonto. Will man ein Konto eröffnen, muss man sich mit zwei offiziellen Dokumenten ausweisen können (zum Beispiel dem Führerschein, dem Personalausweis oder der Sozialversicherungskarte). Zusätzlich benötigt man einen Adressnachweis. Meistens wird hier zum Beispiel nach einer Stromrechnung gefragt. Ist man gerade erst eingewandert, reicht manchmal auch der Arbeitsvertrag. Nicht alle Banken ermöglichen Ausländern, die nicht dauerhaft in Kanada leben, eine Kontoeröffnung. Bessere Chancen hat man, wenn man sich für längere Zeit im Land aufhält.

Ein *checking account* lässt sich oft einfach wieder auflösen, nachdem man das Restgeld abgehoben hat. Hier sollte man aber zuvor genau die Kündigungsbedingungen studiert haben. Achten muss man auch auf die Konditionen der Kontoführung. Bei manchen Banken werden Gebühren fällig, sobald der Kontostand unter eine bestimmte Summe fällt. Andere lassen sich alle Transaktionen per *debit card* und die Nachbestellung von Schecks bezahlen. *Debit cards* entsprechen in etwa unserer EC-Karte, und man kann mit ihnen Geld an Geldautomaten abheben (ATM – *automated teller machine*). Letztere befinden sich nicht nur in Banken, sondern auch in vielen Restaurants und Geschäften. Schecks sind in Kanada nicht unwichtig, da seltener Rechnungen per Überweisung beglichen werden, sondern in der Regel per Scheck, den man mit der Post verschickt.

Eine Kreditkarte sollte man auf jeden Fall haben, da sie praktisch überall einsetzbar ist. Jedoch kann die Beantragung daran scheitern, dass eine *credit history* verlangt wird, die man sich als Ausländer nicht so einfach beschaffen kann.

10 Wenn der frühe Vogel den Wurm nicht fängt

Schlange zum Frühstück

Guillaume hat Mareike versprochen, sie am Montag als verspätetes Willkommensgeschenk zum Frühstück einzuladen. Das findet sie unheimlich nett und stellt sich extra einen Wecker. Es ist ein herrlicher Morgen. Mareike öffnet das Fenster und genießt die kühle Luft, die ins Zimmer strömt. Nachts ist es in ihrem Zimmer wieder so heiß gewesen, dass sie kaum hat schlafen können. Gegen neun Uhr steht sie noch etwas müde, aber fertig angezogen in der Küche – von Guillaume weit und breit keine Spur. Sie fragt sich, ob er wohl an ihre Verabredung denkt, denn sie meint gehört zu haben, wie er erst nachts um vier nach Hause gekommen ist. Na ja, bis elf oder zwölf bekommt man sicher noch irgendwo ein Frühstück, denkt sie sich.

Sie findet die Tageszeitung *The Gazette* vor der Wohnungstür. Was für herrliche Luft draußen ist! Mareike bleibt einen Moment auf dem Balkon auf der Vorderseite stehen und blickt ihre Straße hinunter. Sie fühlt sich so wohl in Montréal. Die großen Laubbäume vor ihrer Tür rascheln leise unter einer kleinen Brise und vor dem blau angestrichenen Café an der Ecke versammeln sich schon die ersten Frühstücksfanatiker. Mareike lehnt sich an eine der viktorianisch anmutenden Balkonsäulen, von denen die weiße Farbe schon ein wenig abblättert und an denen violett blühende Rankpflanzen emporklettern. Alles ist so herrlich romantisch und schön hier. Sie atmet noch einmal tief durch und macht es sich drinnen mit ihrer Zeitung auf dem Sofa bequem.

Tageszeitungen in Kanada

Die Verlagshauptstadt in Kanada ist Toronto, und dort haben auch die meisten der großen überregionalen Tageszeitungen ihren Hauptsitz:

Toronto Star (Toronto, Ontario) hat eine eher links-liberale Leserschaft und eine Auflage von ca. 400.000 Exemplaren, obwohl das Blatt fast ausschließlich in Ontario verteilt wird.

The Globe and Mail (Toronto, Ontario) erscheint landesweit mit einer Auflage von ca. 330.000 Exemplaren und hat eine liberalkonservative Haltung.

National Post (Toronto, Ontario), erscheint landesweit mit einer Auflage von ca. 200.000 Exemplaren und richtet sich an eine eher konservative Leserschaft.

The Gazette (Montréal, Québec) ist die größte englischsprachige Zeitung Québecs mit einer Auflage von ca. 400.000 Exemplaren.

La Presse (Montréal, Québec) ist die größte französischsprachige Zeitung Québecs und hat eine Auflage von ca. 200.000 Exemplaren.

Um elf Uhr hat Mareike von Guillaume immer noch nichts gehört. Ihr Magen knurrt bedrohlich. Vorsichtig schleicht sie zu seinem Zimmer und lauscht an der dünnen Tür, durch die man jeden Mucks hören kann – auch sein leises Schnarchen. Mist, denkt sie, das wird wohl heute nichts mehr, denn wecken möchte ich ihn auch nicht. Enttäuscht schmiert sie sich ein paar Brote, vier Stück, denn ihr Hunger ist mittlerweile riesig.

Um 13 Uhr schlurft Guillaume schließlich in die Küche.

»*Bon matin*«, murmelt er mit verschlafenem Blick und zerzausten Haaren. Er gähnt herzhaft und schenkt sich ein Glas Orangensaft ein.

»Ich gehe eben duschen, und dann können wir los.«

»Wohin?«, fragt Mareike.

»Na, zum Frühstück. Oder hast du keine Lust mehr?«

»Guillaume, es ist ein Uhr mittags. Frühstückszeit ist vorbei.«

»So ein Unsinn. Ich zeige dir, wie man bei uns frühstückt.«

Eine Stunde später stehen sie vor einem recht amerikanisch aussehenden Restaurant namens *Chez Cora*, das zu Mareikes Überraschung brechend voll ist. Guillaume erzählt ihr, dass *Cora* eine Institution in Kanada ist, mehr im Osten als im Westen, aber mit jedem Jahr kommen Filialen hinzu. Das erste kleine Restaurant wurde 1987 von Cora Mussely Tsouflidou in Montréal gegründet. Cora begann, die Wände mit handgemachten Verzierungen zu dekorieren, die ihre verschiedenen Gerichte darstellten. Das liebevolle Konzept wurde schnell so erfolgreich, dass es sich im ganzen Land ausbreitete. Heute kennt fast jedes Kind *Cora*. Das Restaurant mit seiner grüngelben Fassade reiht sich ein in eine Kette von lustigen Geschäften auf der Avenue du Mont-Royal. Ein Delikatessenladen mit *macarons*, einer französische Spezialität, *crêpes* und Pralinen findet sich gleich neben einem amerikanischen *diner*, wo sie die Leute auf dem Platz am Fenster riesige Burger verputzen sieht.

»*Déjeuner*« steht über dem *Chez Cora* – aber heißt »*déjeuner*« nicht Mittagessen? Mareike kramt gedanklich in ihrem Schulfranzösisch. »Frühstück« heißt »*petit déjeuner*« und »Mittagessen« »*déjeuner*«, ja, da ist sich Mareike sicher. Hat sie Guillaume vielleicht ganz falsch verstanden? Die Leute stehen bis zum Bürgersteig Schlange.

»Oh Gott, komm, wir suchen uns was anderes. Das wird ja ewig dauern, bis wir einen Tisch haben!«

Mareike will sich gerade abwenden, als Guillaume sie zurückhält: »Nein, lass uns warten. In 15 Minuten sitzen wir, versprochen.«

Und er behält recht: Die Schlange kommt schnell voran, und ehe sie sich's versehen, geleitet sie eine gut gelaunte junge Dame an einen Tisch am Fenster. Die Speisekarte ist zweisprachig, auf Französisch und Englisch – und beeindruckend vielfältig. Von den verschiedensten Omeletts über *crêpes/pancakes* mit Eiern, von denen Mareike noch nie gehört hat, gibt es alles, was das Herz begehrt. Die freundliche Bedienung kommt zurück, und bevor Mareike etwas sagen kann, hat sie auch schon einen Becher Kaffee vor der Nase. Ihre Wahl fällt schließlich auf *œuf poché/poached egg* mit *crêpes*. Darunter kann sie sich am Wenigsten vorstellen, und deshalb will sie es unbedingt ausprobieren.

Während Guillaume ihr von seinem gestrigen Bowlingabend erzählt, lässt Mareike den Blick durch das Restaurant schweifen. Auf den Bänken, die sie an amerikanische *diners* erinnern, sitzen die unterschiedlichsten Menschen. Manche scheinen wie Guillaume gerade erst aufgestanden zu sein, andere, im Anzug, nehmen ihr Mittagessen ein. Ein kleines Mädchen macht sich an einer halben Grapefruit zu schaffen. Die Bedienung läuft geschäftig, aber immer lächelnd hin und her, mit einer Kanne Kaffee in der rechten Hand und einem kleinen Körbchen mit Milchpäckchen in der anderen. Das ist ja wirklich großzügig, dass sie immer nachschenkt, denkt Mareike.

Als sie wieder an ihrem Tisch vorbeikommt, bestellt Mareike einen Tee. Eigentlich mag sie nämlich gar keinen Kaffee. Die junge Frau nimmt ihre Frühstücksbestellung auf und fragt zum Schluss: »*Pain brun ou pain blanc?*« – Braunes oder weißes Brot? Mareike überlegt, aber da hat Guillaume schon für sie mitbestellt. Für sich nimmt er *deux œufs, saucisses, crêpes et pommes de terre* – zwei Eier, Würstchen, Crêpes und Kartoffeln. Die Dame fragte wieder nach dem Brot und wie er seine Eier haben möchte, *tournés ou miroir*. Umgedrehte Eier? Was soll das nun wieder heißen? Das ist zu viel Auswahl für Mareike. Erschöpft lehnt sie sich zurück.

Zehn Minuten später haben die beiden bereits ihre Teller vor sich. Mareike staunt nicht schlecht.

Die Portion ist riesig und sie versteht noch nicht ganz, was das auf ihrem Teller alles ist. In einer Ecke liegen verschiedene kleingeschnittene Früchte, in einer anderen einige Bratkartoffeln. In der Mitte ein Berg aus englischem Muffin, einem Ei und ganz viel heller Soße. Vorsichtig schneidet sie den Berg an und ekelt sich etwas, als das Eigelb herausschießt und sich auf dem Teller ausbreitet. Was für eine seltsame Art, Eier zuzubereiten. Aber das Schlimmste: Auf einem Extra-Teller liegt ein dicker fetttriefender Teighaufen. Sie hatte doch *crêpes* bestellt!

Was ist diesmal schiefgelaufen?

In Kanada gibt es Restaurants, die ausschließlich Frühstück und manchmal auch Mittagessen servieren, und das von sechs Uhr morgens bis 15 Uhr – es besteht also kein Grund zu morgendlicher Eile, und vergessen hatte Guillaume Mareike auch nicht. In Montréal ist die Auswahl besonders groß. Man muss sich das Frühstück eher als Brunch vorstellen, denn es gibt sowohl süßes Frühstück mit Früchten, Crêpes und Müsli als auch herzhaftes mit Speck, Bohnen, Eiern und Toast. Es ist auch durchaus nicht ungewöhnlich, einige Minuten vor einem

Restaurant zu warten, bis ein Tisch frei wird. Meist wartet man jedoch nicht lange.

Oft bekommt man, manchmal ohne gefragt zu werden, eine Tasse Kaffee hingestellt. Kaffee wird immer wieder nachgeschenkt, wobei man nur die erste Tasse bezahlt. Bei Tee ist es nicht so – hier bezahlt man jede Tasse. Zu Eiern gibt es meistens geröstete Kartoffeln und mit Butter bestrichenes Brot als Beilage. Das Brot kann helles oder dunkleres Toastbrot sein, letzteres dann mit wenigen Körnern angereichert. Dies wählen oft diejenigen, die sich (vermeintlich) gesundheitsbewusster ernähren möchten, obwohl sich das spätestens durch die Eier und den Speck vermutlich relativiert. Eier sind ebenfalls nicht gleich Eier. Mareike hat ein *œuf poché* gewählt. Dies ist ein Ei, das aufgeschlagen und in kochendes Wasser geworfen wird. Hierbei formt sich eine kleine Kugel, das Eiweiß wird fest und schließt das flüssige Eigelb ein. Das hinzubekommen, ist eine Kunst für sich. Eier im Eierbecher werden hingegen nie serviert.

Das, was Mareike auf ihrem Extra-Teller vorfindet, sind *pancakes*! Die sind sehr lecker, nur leider hatte Mareike sich französische *crêpes* vorgestellt. Die gibt es übrigens auch in Kanada. Da hat Mareike einfach Pech gehabt.

Kleine Frühstückskunde

Französisch	Englisch	Deutsch
œuf poché	*poached egg*	pochiertes Ei
œufs brouillés	*scrambled eggs*	Rührei
œuf miroir	*egg sunny side up/fried egg*	Spiegelei
œuf tourné	*over easy egg*	beidseitig gebratenes Spiegelei

omelette	*omelet*	Omelett
pain blanc	*white bread*	Weißbrot
pain brun	*brown bread*	Weizenbrot mit Körnern
crêpe	*pancake*	Pfannkuchen: *Pancakes* sind dicke kleine Pfannkuchen, die vorzugsweise mit sehr viel Ahornsirup gegessen werden.

Was können Sie besser machen?

Man sollte sich nicht von der Schlange vor Restaurants abschrecken lassen. Allerdings ist die Menschenmenge auch nicht unbedingt ein Qualitätsmerkmal. Bei Verabredungen zum Frühstück ist es immer gut, zu fragen, um wie viel Uhr man ungefähr losgehen möchte, damit man sicher sein kann, zu welchem Anlass genau man sich verabredet. In Québec sind die Bezeichnungen für die Mahlzeiten nämlich anders als in Frankreich: In Québec haben sich die alten Bezeichnungen aus Frankreich aufrechterhalten. Im Laufe der Geschichte haben sich die Mahlzeiten nach hinten verschoben, sodass die Reihenfolge in Frankreich heutzutage ist: *petit déjeuner – déjeuner – dîner.* Deshalb kann man schnell durcheinanderkommen, wenn man Französisch in Frankreich gelernt hat und in Québec unterwegs ist, wo gilt:

déjeuner – to have breakfast – frühstücken
dîner/luncher – to have lunch – zu Mittag essen
souper – to have dinner – zu Abend essen

Wenn man keinen Kaffee möchte, sollte man das rechtzeitig signalisieren, sonst bekommt man oft automatisch eine Tasse serviert. Die Frage nach dem Brot wird schnell zur Routine und auch die Bezeichnungen für die verschiedenen Arten der Ei-Zubereitung lernt man schnell. Wenn man ein komplettes Frühstück bestellt, sollte man sich keinen weiteren Restaurantbesuch auf denselben Tag legen – das Hungergefühl stellt sich nämlich nicht sehr schnell wieder ein. Einfach zu transportierende Gerichte wie zum Beispiel *pancakes* können Sie sich auch einpacken lassen und als *doggy bag* mit nach Hause nehmen. Dies trifft übrigens auf alle Restaurants zu, ausgenommen jene, die sich in einer höheren Preisklasse bewegen. Übrigens werden in vielen Frühstücksrestaurants auch hervorragende frisch gepresste Fruchtcocktails serviert. Wenn man zur Arbeit muss oder zu einer Reise aufbricht, kann man auch schon um sechs Uhr morgens frühstücken gehen. Es müssen auch nicht immer große Ketten sein wie *Cora*. Eine Vielzahl kleinerer, individueller und auch hochwertigerer Frühstücksrestaurants in den kanadischen Großstädten bietet eine unendliche Auswahl an Frühstücksmöglichkeiten.

11 Wenn der leere Magen einkauft

Albtraum und American Dream

Es ist ein besonders schöner Sonntagvormittag. Mareike hat richtig lange geschlafen und noch bis elf Uhr im Bett gelegen. Jetzt knurrt ihr Magen wie ein Bär. Doch im Kühlschrank herrscht gähnende Leere. Mist. Sie hat ganz verpasst, etwas zu essen einzukaufen, und heute ist schon Sonntag und alle Geschäfte haben geschlossen. Na ja, dann muss sie eben Fast Food essen.

»Je vais au supermarché. Tu as besoin de quelque chose?« – Ich gehe zum Supermarkt. Brauchst du etwas?, ruft Guillaume ihr von der Wohnungstür zu.

Moment – Sonntag müsste doch auch in Québec ein Ruhetag sein, oder nicht? Zumal die Gegend hier erzkatholisch ist. Schnell schnappt sich Mareike ihr Portemonnaie und ihre große Tasche und folgt Guillaume.

Vorbei an einem schönen Park mit einem Freibad und vielen vor Freude kreischenden Kindern geht es ein paar Straßenecken weiter zu einem riesigen Geschäft namens *Métro*. Heißt das nicht U-Bahn? Wo hat Guillaume sie nun schon wieder hingeschleppt? Innen sieht es jedoch so aus wie in jedem deutschen Supermarkt auch. Auf den ersten Blick zumindest. Mareike, die ihre Einkäufe in Deutschland überwiegend bei Billigdiscountern erledigt, ist doch etwas überrascht über die große Auswahl und das schöne Arrangement der Waren. Und so viele leckere Dinge! Es gibt eine riesige Fischtheke und unglaublich viel Obst und Gemüse. Vor dem

Milchregal ist sie etwas ratlos. Wer kauft denn diese riesigen Vier-Liter-Packungen Milch? Oder die Ein-Liter-Packung Joghurt? Auch gut. Dann hat sie eben etwas Vorrat.

Da entdeckt sie die Käsetheke. Oh ja! Ein schönes Stück Gouda hätte sie gerne. Aber so sehr Mareike auch sucht, sie kann einfach keinen Gouda finden. Was es hingegen in rauen Mengen und in allen Variationen gibt, ist ein viereckiger, eingeschweißter Käse namens Cheddar, der sehr künstlich und irgendwie gar nicht mehr wie Käse aussieht. Als sie schließlich im letzten Eckchen ein winziges Stück Gouda findet, fällt sie fast aus den Puschen. Sieben Dollar soll es kosten! Mareikes Hunger wird mit jeder Minute größer, und so füllt sich ihr Einkaufswagen schnell mit allerlei Leckereien: Rosinen-, Vollkorn- und Sesam-Bagel, Erdnussbutter und englisches Chutney und viele andere aufregende Dinge. Der Supermarkt bietet wirklich ein erstaunliches Angebot. Produkte, die ihr sehr französisch, andere wiederum, die ihr sehr englisch, amerikanisch oder asiatisch vorkommen.

Sehr zufrieden mit der Welt trifft Mareike Guillaume an der Kasse wieder.

»*Wow, tu as faim*« – Wow, du hast Hunger, kommentiert dieser trocken.

»*65,87 dollar*«, sagte die Kassiererin.

»Was?«, ruft Mareike auf Deutsch aus. »Aber warum sind die paar Sachen denn so teuer?«

Erst als die Verkäuferin sie mit großen Augen anstarrt und drauf und dran ist, den Sicherheitsdienst zu rufen, fällt Mareike auf, dass sie Deutsch gesprochen hat und leicht hysterisch wirkt. Guillaume schaut betreten auf den Boden. Schnell zückt Mareike ihre EC-Karte. Mit hochrotem Kopf will sie fix ihre sieben Sachen in die mitgebrachte Stofftasche stecken. Doch die hat ein flinker junger Mann bereits in fünf kleine

Plastiktüten eingepackt. Die Verkäuferin dreht und wendet ihre Karte und scheint damit nichts anfangen zu können. Was ist denn nun schon wieder?

»*We only accept debit or credit cards.*« – Wir nehmen nur Debit- oder Kreditkarten.

Warum denn eine Debitkarte und Mareikes EC-Karte nicht? Eine Kreditkarte hat Mareike aber, auch wenn sie die erst mühsam aus dem hintersten Fach ihres Portemonnaies herausziehen muss, weil sie die in Deutschland eigentlich nie benutzt. Dabei grummelt Mareike wütend vor sich hin und ist erleichtert, als sie endlich den Laden verlassen kann. Sie will nur noch so schnell wie möglich raus hier.

»*Excuse me, Miss*« – Entschuldigen Sie, Fräulein, ruft eine Stimme hinter ihr auf Englisch und eine schwere Hand legt sich auf ihre Schulter.

Oh nein, gibt es jetzt doch noch Ärger?

»*Are you German?*« – Sind Sie Deutsche?, fragt die schwere Hand. Zu ihr gehört ein nicht gerade unattraktiver Mann in den 50ern, der einen schicken dunklen Anzug trägt.

»Mein Name ist John McKay. Ich brauche dringend einen deutschen Muttersprachler für mein Übersetzungsbüro. Sie sind nicht zufällig auf der Suche nach einem Job?«

Donnerplotz. Das ist ja doch ihr Glückstag. Natürlich kann Mareike langsam etwas Geld gebrauchen. Sie nickt eifrig, bringt aber kein Wort heraus, so baff ist sie.

»*Great!* Dann kommen Sie doch gleich Dienstag in mein Büro und stellen sich vor!«

Er gibt ihr seine Karte, und weg ist er. Mareike starrt ihm ungläubig hinterher. Vielleicht gibt es in Kanada auch so etwas wie den *american dream*?

Was ist diesmal schiefgelaufen?

In Kanada sind die Ladenöffnungszeiten wesentlich flexibler und großzügiger gehalten als bei uns. Die normalen Öffnungszeiten der Geschäfte gehen von mindestens neun bis 18 Uhr. In den Großstädten haben viele Läden bis 20 oder 21 Uhr geöffnet, manche Supermärkte sogar 24 Stunden am Tag. Sonntags haben in der Regel alle Geschäfte geöffnet, aber verkürzt von elf oder zwölf bis 17 Uhr. Billigmärkte wie *Aldi* oder *Netto* gibt es in Kanada weniger. Märkte wie *Métro*, *President's Choice* oder *Loblaw* sind eher teuer. *Maxi*, *Super C*, *nofrills und food Basic$* sind Beispiele für günstigere Supermärkte. Viele Supermarktketten unterscheiden sich von Provinz zu Provinz, andere sind landesweit zu finden. Lebensmittel sind in Kanada im Schnitt eher teurer als zum Beispiel in Deutschland.

Beachten sollte man, dass die Verbrauchersteuer noch nicht im angegebenen Preis der Supermärkte einberechnet ist, sondern erst an der Kasse addiert wird. Nur beim Bäcker sind die Preise inklusive Steuer ausgewiesen. Die Steuer setzt sich aus zwei Komponenten zusammen, der *goods and services tax* (GST)/*taxe sur les produits et services* (TVP, Steuer auf die Produkte und Dienstleistungen) und der *provincial sales tax/taxe de vente provinciale* (in Québec: *taxe de vente du Québec*, TVQ, Verkaufssteuer von Québec). Letztere variiert von Provinz zu Provinz. In Québec beträgt die TVQ momentan 9,5 Prozent. Die TPS beträgt aktuell 5 Prozent. Diese Steuern werden auf nahezu alle Dienstleistungen und Güter berechnet. Lediglich Grundnahrungsmittel (zum Beispiel Brot und Milch) oder rezeptpflichtige Medikamente sind faktisch steuerfrei.

Mareike wusste das alles nicht, hatte im Kopf mitgerechnet und war ganz empört darüber, wie teuer ihr Einkauf sein sollte.

Mit der deutschen EC-Karte kann man in Kanada nicht bezahlen. Mit der Kreditkarte zu bezahlen ist in Nordamerika generell sehr viel gängiger als bei uns. Sogar sein Brot beim Bäcker kann man damit vollkommen problemlos zahlen. Dabei wird die VISA-Karte an noch mehr Stellen akzeptiert als die MasterCard.

Kleine Währungskunde

Einem kanadischen Dollar (CAD) entsprechen in der Regel ca. 0,8 Euro, das heißt, ein Euro sind 1,29 CAD. Das Verhältnis zum US-amerikanischen Dollar kann sehr schwanken. Ist der kanadische Dollar schwach, muss man bis zu 1,45 CAD für einen US-Dollar bezahlen. In starken Zeiten kann der Kurs auch schon einmal bei 1,02 CAD liegen.

Die Scheine des kanadischen Dollars gibt es im Wert von 10, 20, 50 und 100 Dollar, wobei die 20-Dollar-Scheine am häufigsten sind. Münzen gibt es viele, sodass man sein Portemonnaie immer voller Kleingeld hat: Ein-, Fünf-, Zehn-, 25-, 50-Cent-Münzen sowie Ein- und Zwei-Dollar Münzen. 100 Cent sind ein kanadischer Dollar.

In Québec wird der Dollar auch als *piastre* oder *piasse* bezeichnet, der Cent als *sous*. Im Englischen sind fünf Cent ein *nickel*, zehn Cent ein *dime*, 25 Cent ein *quarter*, ein Dollar ein *loonie* und zwei Dollar ein *twoonie*.

Gerade in Québec gibt es eine besonders große Vielfalt an Käse, da viele französische Sorten importiert werden, aber auch hervorragender Käse in Québec selbst hergestellt wird. Das einzige Manko: Er ist unglaublich teuer und daher echter Luxus. Milchprodukte sind in Kanada generell sehr teuer. In den letzten Jahren ist der Preis noch einmal enorm gestiegen. Dies hängt bei den importierten Sorten mit den hohen Zöllen zusammen. Der kanadische Käse hingegen wird so kostspielig durch die Milchpolitik des Landes: Der Milchpreis ist reglementiert, um die Produzenten zu schützen, was im Vergleich zu Deutschland bis zu 40 Prozent höhere Milchpreise zur Folge hat. Der Gouda der Kanadier ist Cheddar, ein sehr leckerer Hartkäse, der seinen Ursprung in England hat und eine hellgelbe bis dunkelorangene Farbe hat. Tatsächlich wird der industriell hergestellte Cheddar in viereckigen, eingeschweißten Barren verkauft, was dem Geschmack aber nicht schadet.

Dass Mareike so aufbrausend wurde, war sehr unangemessen, denn Kanadier sind friedliebende und höfliche Menschen. In diesem Fall hat es Mareike aber tatsächlich etwas gebracht, da der Chef einer Übersetzerfirma auf sie aufmerksam wurde, weil sie Deutsch sprach. Solche Dinge können einem in der Tat passieren und lassen das Gefühl aufkommen, alles sei in diesem Land möglich, ähnlich dem *american dream*. Eine gesunde Ladung Skepsis ist aber auch hier angebracht. Mal sehen, wie weit Mareike es bringen wird! Unabhängig davon hätte Mareike aber ruhig ihr Erstaunen überwinden und sich herzlich für das Angebot bedanken können.

Plastiktüten sind in Supermärkten relativ selbstverständlich, auch wenn es zunehmend Mehrzwecktaschen gibt. In der Regel sind die typischen kleinen Plastiktüten aber noch gratis und unbegrenzt zu haben. Ein besonderer Service in vielen Supermärkten: Die Ware wird sofort von eifrigen Helfern, jeweils einem pro Kasse, in Tüten verpackt. Das kommt besonders Mareike ungewöhnlich vor, die normalerweise in Discountern einkauft, wo die Kassenflächen so kurz sind, dass man sich wirklich beeilen muss, damit die Sachen nicht hinten wieder herunterfallen.

Und schließlich: Nicht nur Autos und Häuser sind in Nordamerika oft größer, sondern auch die Packungen von Lebensmitteln!

Was können Sie besser machen?

Die langen Öffnungszeiten könnte man im Hinblick auf die Arbeitszeiten der Kassierer und Kassiererinnen auch kritisch betrachten, aber für die Kunden ist es durchaus praktisch, auch sonntags oder spätabends einkaufen gehen zu können. In den kanadischen Supermärkten gibt es oft eine beeindruckende Auswahl verschiedener Lebensmittel der unterschiedlichsten Kulturen. Das sollte man genießen!

Eine Alternative, falls es einmal schnell gehen muss und kein Supermarkt in Sicht ist, bieten die *convenience stores*, kleine Kioske, die von Bier und Wein über Süßigkeiten, Hygieneprodukte und Zigaretten bis hin zu einigen Lebensmitteln fast alles im Sortiment haben, allerdings für etwas erhöhte Preise. In Québec heißen die *convenience stores* übrigens *dépanneurs*, also wie in Frankreich die Mechaniker, wovon man sich nicht durcheinanderbringen lassen darf. Eine der größten Ketten ist *Mac's*, in Québec *Couche Tard*, aber es gibt auch viele kleine unabhängige Läden. Generell sollte man im Kopf die Summe überschlagen, die der Einkauf am Ende kostet, und dabei die 14,5 Prozent Steuern nicht vergessen.

Vor allem aber sollte man auf keinen Fall laut und ausfallend werden, denn dann wird man ganz schnell vom Sicherheitsdienst vor die Tür gesetzt! Und außerdem gibt es fast nie einen Grund dafür. Die Kanadier sind wirklich liebenswerte und hilfsbereite Menschen.

Und schließlich: Mit knurrendem Magen einkaufen zu gehen, ist nie eine gute Idee!

12 *Business as usual?*

Deutsche Verstocktheit und kanadische Lockerheit

Nervös zupft Mareike an ihrem Sommerkleid herum, während sie aus der U-Bahn steigt. Es ist nicht einfach gewesen, ein passendes Outfit zu finden – sie will bei ihrem Vorstellungsgespräch mit John McKay auf jeden Fall seriös rüberkommen. Gleichzeitig hätte sie es bei der Hitze nicht in Business-Klamotten ausgehalten. Sie hat sich schließlich für ein schlichtes Sommerkleid entschieden, dunkelblau mit roten Tulpen als Motiv. Wie machen das nur all die anderen berufstätigen Menschen, die eilig an ihr vorbeihasten?

Mit ihrer Bewerbungsmappe unterm Arm geht sie auf das große Bürogebäude zu. Drinnen schlägt ihr angenehm kühle Luft entgegen. Puh, was für ein Glück – endlich raus aus der Hitze. Sie fragt sich zur Firma von Mr. McKay durch und wird gebeten, vor seinem Büro Platz zu nehmen. In ihrem kleinen Kleidchen kommt sie sich nun etwas fehl am Platze vor. Die Sekretärin stellt sich als Sharon vor, ist kaum älter als sie und sieht sympathisch aus. Mareike möchte das Eis ein wenig brechen. Als Sharon neben ihr Kataloge in ein Regal einordnet, scherzt Mareike salopp: »Da habt ihr euch hier oben aber eine Eiskammer zugelegt, was?«, und verpasst ihr einen kleinen Stupser mit dem Ellbogen.

Sharon lächelt zwar höflich, geht aber fast unmerklich einen kleinen Schritt zurück und antwortet freundlich: »Ja, bei den Temperaturen hier.«

»Da sind Sie ja, Mareike! Wunderbar, Sie zu sehen!«, donnert eine Stimme über den Flur.

»Hello, Mr. McKay«, erwidert Mareike, nun wieder ganz schüchtern, obwohl sie sich über die herzliche Begrüßung freut.

»Oh please, call me John. Would you like to drink anything? How are you?« – Oh bitte, nennen Sie mich John. Möchten Sie etwas trinken? Wie geht es Ihnen?

»Nein danke, John. Ich hätte nicht gedacht, dass es hier so kalt werden könnte, darum habe ich mein Sommerkleid an. Ist deine Klimaanlage vielleicht kaputt?«

»Nein, das ist ganz normal hier«, antwortet John und runzelt etwas die Stirn, während er Mareike in ein kleines Besprechungszimmer führt.

Himmel – wo sind denn die Fenster! Dass Guillaume kein Fenster in seinem Zimmer hat, ist ja seine Sache, aber ein Büroraum ohne Fenster? Das kann doch nicht legal sein. Oder ist das hier eine Abstellkammer?

»So, did you bring your CV?« – Haben Sie Ihren Lebenslauf mitgebracht?

»Ja, ich habe alles dabei«, antwortet Mareike wie aus der Pistole geschossen und reicht Mr. McKay ihre Bewerbungsmappe.

Sie hat den ganzen letzten Abend damit verbracht, ihre Unterlagen zu sortieren, soweit es ging, Übersetzungen von ihren Empfehlungsschreiben anzufertigen und alles ordentlich zusammenzuheften. Es ist beinahe unmöglich gewesen, eine geeignete Bewerbungsmappe zu finden – irgendwie waren sie alle ausverkauft und die Verkäuferin hat nicht verstanden, was Mareike suchte. Ein richtiges Bewerbungsfoto hat Mareike zum Glück noch in Deutschland machen lassen, denn auch das scheint in Kanada schwierig zu sein. Mr. McKay berichtet ein wenig über die Firma und Mareike kommt es so vor, als fixiere er sie mit seinem Blick. Das findet sie wahnsinnig anstrengend und versucht, auf die Tischplatte zu schauen.

Stolz beobachtet sie, wie Mr. McKay ihre Mappe durchblättert und immer größere Augen macht. Sie hat ziemlich ausführliche Empfehlungsschreiben von ihren letzten Arbeitgebern erhalten, die sie über alle Maße loben. In Mr. McKays Büro beginnt Mareike mehr und mehr zu frösteln. Er und seine Sekretärin sind sehr schick angezogen, aber nicht anders als wahrscheinlich im Frühjahr oder Herbst. Mareike hat eine Gänsehaut und ihre Kontaktlinsen brennen in den Augen. Was ist denn nur los mit ihr? Etwas enttäuscht stellt sie fest, dass Mr. McKay die hinteren Schreiben gar nicht mehr zu lesen scheint. Er nimmt nur den Lebenslauf heraus, reicht ihn seiner Sekretärin zum Abheften und legt die Mappe unachtsam zur Seite.

»Nun, das ist alles sehr schön. Wann können Sie mit der Arbeit anfangen?«

Verblüfft starrt Mareike ihn an. So schnell geht das? Gut, es ist nicht der anspruchsvollste Job der Welt, aber das ist jetzt doch sehr flott.

»*Tomorrow, if you like.*« – Morgen, wenn es dir recht ist.

»*Very good. My assistant will bring you to the Human Resources' office. They'll talk about the rest with you.*« – Sehr gut. Meine Assistentin wird Sie in die Personalabteilung bringen. Die werden über den Rest mit Ihnen sprechen.

Mareike kann nur noch lächeln und nicken, so überrumpelt ist sie, und folgt der Assistentin in das nächste Büro.

Dort nimmt man ihre Daten auf, informiert sie über ihren Stundenlohn und darüber, dass sie zwei Wochen Jahresurlaub hat und ihr Gehalt alle zwei Wochen per Scheck bekommen wird. Mareike wundert sich über diese Regelungen, ist aber zu überrascht über den ganzen Verlauf und inzwischen ist ihr zu kalt, als dass sie etwas erwidern könnte.

Als sie das Gebäude wieder verlässt, schlägt die Hitze über ihr ein und lässt sie kurz nach Luft schnappen. Wie kann man denn nur täglich solch einen Temperaturunterschied aushalten?

Was ist diesmal schiefgelaufen?

Die kanadischen Bürogebäude sind im Unterschied zu deutschen Büros sehr stark klimatisiert.

Das kann zunächst ungewohnt sein. Mareike war daher erstens viel zu dünn angezogen, um stundenlang in einem gekühlten Raum zu sitzen, und zweitens zu leger. Mr. McKay war so nett, das nicht zu kommentieren, aber für ein Vorstellungsgespräch sollte man sich auch im Hochsommer seriöser anziehen.

Auf die Frage »*How are you?*« antwortet man in der Regel nur kurz, knapp und unverbindlich – sie ist eine reine Höflichkeitsfloskel. Mareike hat den Fehler gemacht, eine lange Rede zu halten, dann auch noch die Klimaanlage kritisiert und auf ihren eigenen Kleidungsfauxpas hingewiesen.

Die deutsche Art, Bewerbungen zusammenzustellen, ist in Kanada sehr ungewöhnlich. Vor allem die langen Empfehlungsschreiben wirken auf den Kanadier wie ein kleiner Roman und werden gar nicht gelesen.

Schwierig ist es auch, die richtige Balance zwischen Lockerheit und Förmlichkeit zu finden. Es kann schnell passieren, dass man im Berufsleben mit dem Vornamen angesprochen wird. Dies darf man aber nicht als Duzen missverstehen wie Mareike es getan hat. Es herrscht einfach ein entspannterer Umgangston im Geschäftsleben.

Andererseits sollte man es mit der Lockerheit auch nicht übertreiben. Wenn man jemanden noch gar nicht kennt, ist etwas Distanz angemessen. Die hat Mareike beim Umgang mit der Sekretärin gefehlt: Körperkontakt ist vollkommen unangebracht, außer beim Händeschütteln. Wichtig ist jedoch Augenkontakt. Den wiederum hat Mareike geradezu vermieden, was schnell als unsicher oder unhöflich missverstanden werden kann.

Büroräume ohne Fenster sind wie Wohnräume ohne Fenster keine Seltenheit. Auch die Zahlung des Gehalts alle zwei Wochen in Form von Schecks ist durchaus üblich. Der durchschnittliche Jahresurlaub in Kanada beträgt tatsächlich nur zwei Wochen. Er kann bei zunehmendem Alter und höheren Positionen bis zu sechs Wochen ansteigen.

Was können Sie besser machen?

In Büros sollte man sich generell eher formell anziehen – aufregende Farben sind selten gefragt. Natürlich hängt der Dresscode sehr von der jeweiligen Branche ab. Gerade zu einem Vorstellungsgespräch ist ein Sommerkleid aber in jedem Fall unangebracht. Offene Schuhe wie zum Beispiel Sandalen sollte man ebenfalls vermeiden, besonders im Sommer, wenn die Klimaanlagen schnell Eisfüße zaubern.

Gut wäre es, seine Bewerbung von einem Kanadier gegenlesen zu lassen oder sich zuvor genau über kanadische Bewerbungen zu informieren. In der Regel werden nicht mehr als Anschreiben und Lebenslauf verlangt. Dafür ist der Lebenslauf ausführlicher und detaillierter als bei Bewerbungen in Deutschland.

Bewerbung auf Kanadisch

Die Bewerbung sollte auf Englisch oder Französisch verfasst sein, je nachdem, in welcher Region man sich bewirbt. Schulzeugnisse und Bewerbungsfotos werden dem Anschreiben und dem Lebenslauf nicht hinzugefügt, um eine Voreingenommenheit zu vermeiden, Zeugnisse von Arbeitgebern nie. Stattdessen kann man jedoch die Kontaktdetails eines Referenzgebers hinzufügen.

Das Anschreiben ist wie in Deutschland auch ein Mittel, um sich selbst gut darzustellen. Es muss Interesse wecken und begründen, warum gerade man selbst die geeignete Person für die freie Stelle ist. Verfügt man bereits über eine Arbeitserlaubnis, lohnt es sich, dies zu erwähnen, da es immer ein Vorteil ist.

Lebensläufe werden antichronologisch geordnet, das heißt, sie beginnen mit der letzten Tätigkeit. Ehrenamtliche Aufgaben oder soziales Engagement werden immer gerne gesehen. Informationen bezüglich Nationalität, Familienstand und Alter sind hingegen nicht angebracht. Das Datum wird folgendermaßen geordnet: MM/DD/YYYY.

Man sollte zunächst höflich und freundlich distanziert bleiben und dann etwas lockerer werden, wenn es der Gesprächspartner anbietet. Augenkontakt und positive Aussagen sind wichtig. Kritik sollte man für sich behalten. Auf ein »*How are you?*« reicht ein nettes »*Fine, and you?*« – Gut, und selbst? Falls man Kritik äußert, sollte man generell auf den Ton achten, da ein harmonisches Miteinander den Kanadiern sehr wichtig ist. Ältere Menschen und Autoritätspersonen sollten Sie solange mit »Mr.« und »Mrs.« (bzw. »Monsieur« und »Madame«) ansprechen, bis Ihnen das Gegenteil gesagt wird.

Locker sein ist durchaus gefragt, zu lange Tiraden und Geschwafel sind jedoch eher unerwünscht. Stattdessen sollte man sich kurz und knapp äußern und auf den Punkt kommen. Berührungen sind so gut wie nie angebracht. Man sollte seinem Gesprächspartner sogar eher einen Distanzbereich von ca. 60 cm lassen. Eine gesellige Stimmung ist dennoch sehr wichtig. Man darf ruhig etwas Humor zeigen und die Fähigkeit zu Smalltalk ist immer wichtig.

Das Gehalt ist durchaus verhandelbar, ebenso wie der Urlaub. Als junger Arbeitnehmer wird man aber selten mehr als zwei bis vier Wochen bekommen. Stattdessen ist es jedoch in manchen Firmen möglich, unbezahlten Urlaub zu nehmen.

13 Was soll denn das heißen, *»Bring your own bottle«*?

Weinflaschen und Restauranttoiletten

»Das ist ja großartig!«

Guillaume bekommt sich gar nicht wieder ein. Er freut sich fast mehr als Mareike, dass sie einen Job gefunden hat.

»Das muss gefeiert werden! Lass uns essen gehen! Ich lade dich ein.«

»Aber das ist doch viel zu teuer«, murmelt Mareike. Zu Hause in Frankfurt ist sie wirklich nur zu ganz besonderen Anlässen essen gegangen.

»Unsinn, gleich hier um die Ecke sind viele super Restaurants.«

Widerstand ist zwecklos.

»Besorg du doch schon mal eine Flasche Wein und ich schau eben schnell im Internet, in welches Restaurant wir heute am besten gehen.«

Und schon flitzt er in sein Zimmer.

Ratlos macht Mareike sich auf den Weg. Warum soll sie Wein kaufen, wenn sie essen gehen? Vielleicht will Guillaume vorher mit ihr anstoßen?

Auf der Straße fällt Mareike auf, dass sie gar nicht weiß, wo sie hier vernünftigen Wein findet. An der nächsten Straßenecke sieht sie einen Laden, der wie ein Kiosk aussieht, wenn auch etwas schlichter und relativ alt. Drinnen fragt Mareike den Verkäufer, ob sie bei ihm Wein bekommen kann.

»Aber sicher, ich habe eine wunderbare Auswahl gleich hier hinten.«

In einem etwas verstaubten Regal stehen einige wenige Flaschen Rotwein. Mareike sucht den aus, der das schönste Etikett hat, und geht zum Bezahlen zur Kasse. *»9,79 dollar, please.«* So viel Geld für eine alte Flasche Wein? Mareike will nicht schon wieder einen Aufstand machen und verlässt grummelnd den Laden, nachdem sie bezahlt hat.

Zu Hause wartet Guillaume schon auf sie, packt die Weinflasche in eine Tasche und klemmt Mareike unter den Arm. Er führt Mareike zu einem kleinen Restaurant im Mile End, einem beliebten Wohn- und Künstlerviertel im nördlichen Teil von Montréal. Hier sieht es ganz ähnlich aus wie im Plateau. Die gleichen Wendeltreppen, die gleichen alten verschnörkelten Gebäude. Nur die Straßen scheinen etwas breiter zu sein. Viele besonders ausgefallene Geschäfte gibt es hier und jede Menge Vintage-Shops mit alten Schildern, Möbeln und Deko-Stücken. Überhaupt wirkt vieles hier, als hätte man es seit den 1960er-Jahren nicht mehr verändert. Dazu passen die Hipster, die mit großen Brillen und Karottenhosen durch die Straßen spazieren. Aber trotzdem kann Mareike keine Schublade finden, in die sie das Viertel stecken könnte. Dafür ist es wie alles in Kanada zu vielfältig. Denn auch hier finden sich zwischen den hippen Restaurants und Boutiquen immer wieder portugiesische Cafés mit alten Männern, die ihren Galão schlürfen, und italienische Friseure, die wild gestikulierend Haare schneiden.

Mareike wäre glatt an dem Restaurant vorbeigegangen, so unauffällig ist es. Auf einem kleinen Schild steht *»Apportez votre vin – Bring your own bottle«*. Ein lustiger Name für ein Restaurant. Sie steigen zunächst ein paar Treppen ins Souterrain und durchqueren einen großen Raum, um am Ende wieder Treppen hinaufzusteigen und in einem kuscheligen, grün bewachsenen Hinterhof voller Blumen zu stehen. Mareike fällt sofort ein schöner Tisch an einem kleinen Springbrunnen auf und stürmt darauf zu.

Sie zieht schon ihre Jacke aus und will sich gerade hinsetzen als sie Guillaumes beschämten Blick bemerkt, der sich mit der Bedienung dem Tisch nähert.

»Dieser Tisch hier ist reserviert, wir sollten uns besser an den hier hinten setzen.«

Guillaume zeigt auf einen kleinen Tisch am Gang. Na so was. Es steht doch gar kein Schild auf dem Tisch. Die Bedienung findet schnell ihr Lächeln wieder, wenn Mareike auch nicht versteht, was sie nun wieder falsch gemacht hat.

Wenige Minuten später bekommen sie große Wassergläser serviert.

»Entschuldigung, aber wir haben gar kein Wasser bestellt«, beschwert sich Mareike.

Die Bedienung sieht immer verwirrter aus.

»Nein, nein, das ist schon in Ordnung«, sagt Guillaume schnell.

Er kramt in seiner Tasche und holt die Weinflasche heraus.

»Wollen wir doch mal sehen, was du Schönes gefunden hast, Mareike.« Doch als er das Etikett liest, sieht er etwas enttäuscht aus. Soll er sich doch das nächste Mal selbst um den Wein kümmern! Bei dem Preis kann das nur eine gute Flasche gewesen sein! Und er wird doch jetzt nicht mitten im Restaurant seinen eigenen Wein auspacken. Wie peinlich! Schnell schiebt Mareike die Wasserkaraffe vor die Weinflasche und schirmt sie zur anderen Seite mit der Speisekarte ab.

»Guillaume, kannst du das nicht etwas unauffälliger machen? Gleich schmeißen sie uns raus«, flüstert Mareike über den Tisch.

»Keine Sorge, das funktioniert hier so«, sagt Guillaume beruhigend und hält ihr die Speisekarte hin. Bei der leckeren Auswahl kann Mareike nicht widerstehen. Burger, Salate – was das Herz begehrt. Und die Preise! Ein hausgemachter Burger mit Kartoffeln und Salat für sieben Dollar, ungefähr fünf Euro. Dafür bekäme man in Deutschland nicht einmal einen kleinen Salat.

Das Essen schmeckt vorzüglich und Mareike tut es gut, sich mit jemandem so intensiv zu unterhalten wie mit Guillaume. So langsam fehlen ihr doch ihre deutschen Freunde ein wenig. Als die Rechnung kommt, schafft Mareike es, einen Blick darauf zu erhaschen. 30 Dollar! Wie kommt denn der Betrag zustande? Das ist zwar immer noch nicht teuer, aber doch mehr, als sie ausgerechnet hat.

»Guillaume, der Betrag stimmt nicht. Das ist viel mehr, als auf der Karte stand.«

Doch auch hier lächelt Guillaume beschwichtigend.

»Nein, nein, das stimmt schon so.«

Bevor sie gehen, verschwindet Mareike noch schnell auf die Toilette. Sie öffnet die Tür mit dem WC-Zeichen und ist überrascht, direkt dahinter einen kleinen Raum mit einer Toilette zu finden, ohne jeden Vorraum. Da sitzt man ja quasi neben allen Gästen! Und es gibt noch nicht einmal getrennte Toiletten für Männer und Frauen. Zögerlich betritt Mareike den Raum und schließt die Tür hinter sich. Nanu? Kann man etwa gar nicht abschließen? Sie ruckelt an der Türklinke herum, die lediglich ein runder Knauf ist, den man in verschiedene Richtungen drehen kann. Vielleicht verschließt sich die Tür automatisch, wenn jemand drinnen ist. Nervös setzt Mareike sich auf die Toilette. Plötzlich reißt jemand die Tür auf! Eine junge Frau starrt Mareike verdutzt an und Mareike starrt genauso überrascht zurück. Das halbe Restaurant dreht sich zu ihr um und sieht, wie sie mit heruntergezogenen Hosen auf der Toilette sitzt.

»Sorry…«, murmelt die Frau peinlich berührt und schließt schnell die Tür. Mareike möchte am liebsten vor Scham in die Kloschüssel versinken und nie wieder herauskommen. Was für eine Blamage!

Was ist diesmal schiefgelaufen?

Mareike hat den Fehler begangen, Wein in einem Kiosk zu kaufen. Dort ist die Qualität oft weniger gut und die Preise sind höher. Darum ist Guillaume auch etwas enttäuscht von ihrer Auswahl. Es gibt in Kanada nämlich großartige Weine aus aller Welt, und auch der kanadische Wein ist nicht zu unterschätzen, der vor allem in den Provinzen Québec, Ontario, British Columbia und Nova Scotia angebaut wird. Die größten Weinbaugebiete liegen im Okanagan Valley in B.C. und auf der Niagara-Halbinsel. Neben Weißwein werden inzwischen sogar Rot-, Rosé- und Schaumweine produziert. Besonders beliebt sind die Eisweine, hochkonzentrierte, sehr süße Weine, die aus gefrorenen Trauben hergestellt werden.

Essen gehen ist vor allem in den Metropolen wie Montréal oder Vancouver ein großer Sport. Aber auch im Rest Kanadas kann man hervorragende Restaurants für jeden Geschmack finden – und oft sind die Preise um einiges niedriger als in europäischen Restaurants. Daher ist es auch unter jüngeren Menschen üblich, essen zu gehen.

Genau wie in den Frühstücksrestaurants bekommt man auch in anderen Lokalen den Platz zugewiesen, was Mareike wieder vergessen hatte. In besonders beliebten Restaurants empfiehlt sich eine Reservierung vorab. Üblich ist in vielen Lokalen auch, dass man gratis Leitungswasser auf den Tisch gestellt bekommt. Man muss es also nicht bestellen und bezahlen, wie Mareike dachte.

Eine Besonderheit sind die Restaurants des Typs *Apportez votre vin* (AVV)/*Bring your own bottle* (BYOB). Wenn das außen am Restaurant steht, ist es nicht der Name des Restaurants, sondern weist darauf hin, dass man hier seine eigene Flasche Wein mitbringen darf. Das lohnt sich manchmal für Gaststätten mehr, als sich die teure Alkohollizenz zu leisten, um dann selbst Wein verkaufen zu dürfen. Bei den Preisen gilt auch hier, dass die Steuer noch nicht inklusive ist. Mindestens 14,5 Prozent kommen noch einmal oben drauf, was man beim Bestellen im Kopf behalten sollte. Das Trinkgeld von ca. 15 Prozent wird zusätzlich addiert.

In kleineren Restaurants kann es durchaus vorkommen, dass es nur eine Toilette für beide Geschlechter gibt und diese direkt an den Speisesaal grenzt. Mareike ist zudem an den amerikanischen Türklinken gescheitert. Diese sind oft rund und öffnen sich, wenn man sie in die Richtung dreht, die von der Türöffnung weggeht: Öffnet sich die Tür nach rechts, wird nach rechts gedreht, öffnet sie sich nach links, dreht man nach links. Was Mareike nicht wusste: wie man sie richtig verschließt!

Was können Sie besser machen?

Wein sollte man lieber nicht beim Kiosk kaufen. In Supermärkten ist die Auswahl an Wein und Bier ebenfalls sehr begrenzt. Alkohol wird eigentlich in sogenannten *liquor stores* gekauft. Dort gibt es eine große Auswahl der verschiedensten Sorten.

Das Alkoholmonopol

Alkohol gibt es fast in ganz Kanada ausschließlich in *liquor stores* mit staatlicher Lizenz, in *package stores* oder in *Delis*. Bier gibt es auch in Extra-Läden wie dem *Beer Store*. Hochprozentigere Getränke können nur in wieder anderen Läden gekauft werden. In Ontario zum Beispiel werden diese über das *Liquor Control Board of Ontario* (LCBO) staatlich kontrolliert. Die *liquor stores* haben dadurch ein Monopol auf den Alkoholverkauf und sind die Hauptimporteure. Lediglich in Alberta werden sie privat geführt, in British Columbia gibt es sowohl staatlich verwaltete als auch private Alkoholgeschäfte. In Québec kann man Bier und eine begrenzte Auswahl an Wein auch in Supermärkten und den *dépanneurs*, den Kiosken, kaufen. Über die *Société des alcools du Québec* (SAQ – Alkoholgesellschaft von Québec) hält die Provinz Québec jedoch das Monopol für alle hochprozentigen Alkoholsorten.

Vergessen Sie nicht, dass Ihnen ein Platz zugeteilt wird, sich Steuern und Trinkgeld noch auf den Betrag addieren und dass man in bestimmten Restaurants seinen eigenen Wein mitbringen darf. Wenn man fertig gegessen und bezahlt hat, sollte man auch zügig den Tisch räumen und nicht noch stundenlang sitzen bleiben, da oft schon der nächste Gast wartet.

Zum Verschließen der runden Türknäufe gibt es zwei Varianten. Bei dem einen Modell gibt es einen Knopf in der Mitte des Knaufs. Drückt man diesen ein, rastet die Klinke ein und kann von außen nicht mehr bewegt werden, während Sie von innen jederzeit rauskönnen. Hier muss man einfach auf den kleinen Knopf vertrauen. Bei einem anderen Modell wird der Knauf ein Stück eingedrückt und nach rechts oder links verschoben. Dann rastet er ein und kann von außen nicht mehr gedreht werden, weder zur einen noch zur anderen Seite. Um ihn von innen wieder zu entriegeln, dreht man ihn wieder zurück nach rechts oder links und er rastet aus. Viel Glück!

14 Wo Ellenbogen keine Türen öffnen

Busfahren und Linksverkehr

Für ihren neuen Job möchte Mareike etwas besser angezogen sein. Also beschließt sie, nach Feierabend einkaufen zu gehen. Schließlich soll das im konsumfreudigen Kanada besonders gut gehen. Vom Büro aus muss sie zunächst einen Bus nehmen und dann in die U-Bahn umsteigen. Mit dem Bus ist sie von hier aus noch nie gefahren, sodass sie sehr überrascht ist, als sie lauter Leute sieht, die in einer Reihe nebeneinander auf dem Bürgersteig stehen. Warten die alle auf jemanden? Kopfschüttelnd läuft sie an ihnen vorbei und stellt sich vorne vor das Schild, das die Ankunftszeiten der Busse verrät. Da in dieser Gegend viele Büros liegen und jetzt Feierabendzeit ist, kommen immer mehr Menschen zur Bushaltestelle und stellen sich in die Reihe. Ha, denkt sich Mareike, diesmal weiß ich wie es geht und habe schon Kleingeld parat! Als der Bus vor ihr hält, macht der junge Mann neben ihr Anstalten, vor ihr einzusteigen. Mareike kennt sich mit öffentlichen Verkehrsmitteln in Großstädten aus, schließlich kommt sie aus Frankfurt, und schneidet dem Mann den Weg ab. Das könnte dem so passen. Sie rempelt ihn ein klein wenig mit dem Ellbogen an, als sie sich an ihm vorbeischiebt, was ihr dann doch etwas leid tut.

»*I'm sorry*« – Tut mir leid, murmelt der Mann zurückhaltend.

Nanu, es wäre doch eigentlich an ihr, sich zu entschuldigen? Na ja, vielleicht tut es ihm leid, dass er sich vordrängeln wollte. Der Busfahrer, der Mareikes Manöver verfolgt hat, schaut sie böse an und kassiert ihr Kleingeld.

Der Bus hält schließlich direkt vor dem U-Bahn-Eingang und Mareike will so schnell wie möglich raus, aber die Türen öffnen sich gar nicht.

»Please open the doors!« – Bitte öffnen sie die Türen!, ruft sie, während sie wie wild auf den roten Halt-Knopf an der Busstange drückt.

»Könnte bitte jemand der ungeduldigen jungen Dame erklären, wie man die Bustüren öffnet?«, tönt es durch den Lautsprecher.

Wie peinlich! Die Frau hinter Mareike hält ihre Hand an einen gelben Streifen an der Bustür, ohne diese wirklich zu berühren, und wie durch Magie öffnen sich die Türen. Mit hochrotem Kopf spurtet Mareike die Treppe zur U-Bahn herunter. Schon kommt ihre Bahn angebraust. Da sie noch einige Stationen fahren muss, will sie unbedingt einen Sitzplatz haben. Sie stellt sich nach ganz vorne an den Bahnsteig. Kaum öffnen sich die Türen, boxt sie sich an den aussteigenden Fahrgästen vorbei. Ha! Sie ist die Erste und kann sich endlich hinsetzen, während die meisten anderen dicht in der Mitte zusammengedrängt stehen müssen.

Unterirdisches Kanada

U-Bahnen gibt es in Kanada in drei Städten: Vancouver, Toronto und Montréal. Die älteste wurde 1954 in Toronto gebaut und umfasst ein Streckennetz von insgesamt 68,3 Kilometern. Es gibt vier Linien, welche die Stadt von Osten nach Westen *(Bloor-Danforth Line)* erschließen, sowie in U-Form von Norden nach Süden *(Yonge-University-Spadina Line)*.

In Montréal wurde die U-Bahn 1966 anlässlich der Weltausstellung im darauffolgenden Jahr gebaut. Die vier Linien erschließen beinahe die ganze Stadt und haben eine Gesamtlänge von 66 Kilometern. Die U-Bahn-Stationen zeichnen sich dadurch aus, dass sie alle individuell gestaltet und viele von ihnen architektonisch hochinteressant sind. Typisch sind die engen Eingänge und die schweren Schwenktüren der Stationen, die dafür sorgen sollen, dass im Winter Kälte und Schnee möglichst draußen bleiben. Auch eine Verbindung zu Frankreich kann man hier entdecken: An der Station *Square Victoria* findet man den einzigen Guimard-Eingang außerhalb von Paris mit der typischen Eingangskonstruktion der Pariser Métro aus verschnörkelten und verwobenen Eisenstangen im Stil des *Art Nouveau*.

Vancouver hat keine U-Bahn im klassischen Sinne, sondern einen *SkyTrain,* der erst 1986 ebenfalls in Vorbereitung auf die Weltausstellung eröffnet wurde. Wie der Name schon sagt, handelt es sich hierbei überwiegend um eine Hochbahn, die 2009 für die Olympischen Winterspiele 2010 noch eine zusätzliche Linie erhielt. Mit 68,8 Kilometern war der *SkyTrain* lange Zeit das längste automatische Transportsystem der Welt.

An der Station *McGill* steigt Mareike aus, um in das *Eaton Centre* zu gehen, ein sehr großes Einkaufszentrum in der Innenstadt, das es auch in Toronto gibt. Vor der Rolltreppe, die in das Einkaufszentrum hochfährt, stehen die Menschen schon wieder Schlange. Warum nutzen die denn nicht die linke Seite der Treppe? Alle stellen sich nur rechts an. Froh, einen Trick gefunden zu haben, die lange Schlange zu umgehen, zieht sie an der Schlange vor der Rolltreppe vorbei und stellt sich auf die linke Seite. Nun überkommt sie langsam die Müdigkeit von dem langen Arbeitstag und sie gähnt herzhaft, während sie die Rolltreppe gemütlich nach oben befördert. Als sie sich umdreht, sieht sie in das Gesicht einer ungeduldigen Frau, die direkt hinter ihr steht, gefolgt von einer Reihe anderer Menschen, die alle in ihre Richtung blicken und irgendwie genervt aussehen. Mareike wundert sich: Was machen die denn für einen Stress?

Was ist diesmal falsch gelaufen?

Kanada ist ein höfliches Land. Die Menschen nehmen Rücksicht auf ihre Mitmenschen, sind hilfsbereit und umgänglich. Das sagt zumindest das Klischee. In vielen Bereichen stimmt das wirklich. So ist es zum Beispiel Sitte, sich zivilisiert anzustellen. Eine Eigenart, die uns in Deutschland seit Langem abhanden gekommen ist. Daher ist Mareike auch eher an die Ellenbogenmentalität gewöhnt und hat nicht begriffen, dass die Menschen auf dem Bürgersteig tatsächlich für den nächsten Bus anstanden. Denn manchmal, gerade zu den Stoßzeiten morgens und am Abend, passen nicht mehr alle Wartenden in den Bus. Und dann soll nicht derjenige noch mitfahren dürfen, der sich am radikalsten durchsetzt, sondern der, der zuerst an der Haltestelle war. Man steigt also gesittet in den Bus, bis er voll ist – und wer nicht mehr reinpasst, muss auf den nächsten Bus warten. Nicht schlecht ist es natürlich in jedem Fall, wenn man weiß, wie man die Bustüren öffnet!

In der U-Bahn stehen die Menschen zwar nicht Schlange zum Einsteigen, aber sie lassen die Passagiere zunächst in Ruhe aussteigen. Mareike hat hier nur an sich gedacht. Wie höflich die Kanadier tatsächlich sind, merkt man daran, dass ein Kanadier sich immer entschuldigen wird, auch wenn er der Angerempelte und nicht der Rempelnde ist – so wie es der junge Mann im Bus getan hat.

Auf kanadischen Rolltreppen gilt: rechts stehen, links gehen. Mareike hat alle links überholt, ist dann aber einfach links auf der Treppe stehen geblieben, während sich hinter ihr eine lange Schlange von Menschen gebildet hat, die eigentlich alle die rechte Schlange überholen wollten.

Was können Sie besser machen?

Entspannen Sie sich, stellen Sie sich an! Und zwar fast überall. Man gewährt den Mitmenschen genügend Abstand, lässt andere durch, bleibt höflich und bietet anderen Menschen den eigenen Sitzplatz an, wenn sie ihn offensichtlich dringender brauchen als man selbst. Im Zweifelsfall wartet man eben auf den nächsten Bus oder die nächste U-Bahn. Berührt man jemanden aus Versehen, entschuldigt man sich. Diese recht selbstverständlichen Prinzipien kann man auch an der Supermarktkasse beobachten. Öffnet hier eine neue Kasse, rennt nicht etwa der Erste, der es bemerkt, los, sondern lässt demjenigen den Vortritt, der als Nächstes dran gewesen wäre.

Die Bustüren haben übrigens meistens eine Lichtschranke. Wenn man seine Hand an der Tür hin und her bewegt, müsste sie sich eigentlich öffnen. Normalerweise ist dies auch auf einem kleinen Schild an der Tür beschrieben.

15 Wenn man so viel Service nicht gewohnt ist

Intensive Kundenbetreuung und verschließbare Umkleidekabinen

Im Einkaufszentrum angekommen steigt Mareike sofort der Geruch verschiedenster Speisen in die Nase. Aber sie widersteht allen Fast-Food-Versuchungen und schaut sich neugierig um. In Deutschland sind große Einkaufszentren in den letzten Jahren wie Pilze aus dem Boden geschossen. Sie bevorzugt aber eigentlich hübsche kleine Boutiquen, die etwas persönlicher sind und nicht ausschließlich massentauglich. Nun steht sie im *Eaton Centre* und ist geplättet von den vielen Eindrücken und Angeboten. Über fünf Etagen verteilen sich die verschiedensten Restaurants und Geschäfte. Bunte Lichter blinken überall, Rolltreppen surren in alle Richtungen und es riecht verführerisch nach Popcorn und Schokolade. Direkt vor ihr ist ein Geschäft, das sehr edle Outfits im Schaufenster hat: Cocktailkleider, aber auch schicke Kostüme. Hier will sie sich auf die Suche nach einem passenden Hosenanzug für die Arbeit machen.

Kaum hat sie den Laden betreten, steht schon eine nette junge Frau mit einem Headset am Ohr vor ihr und strahlt sie an: *»Hello. Bonjour. Can I help you? Je peux vous aider?«* – Hallo. Kann ich Ihnen helfen?

Mareike ist doch noch keine zehn Sekunden im Geschäft, aber es ist sicher nett gemeint. Etwas überrumpelt schüttelt sie den Kopf und bedankt sich. Sie will sich gerade abwenden, als sie merkt, dass die Verkäuferin noch nicht fertig ist, die auf Englisch fortfährt: »Mein Name ist Josephine. Wenn Sie irgendetwas benötigen, lassen Sie es mich bitte wissen.«

Vielleicht sollte Mareike bei einem solchen Service doch die Preise noch einmal anschauen, nicht dass sie sich in einem todschicken, aber unbezahlbaren Geschäft befindet. Aber nein, die Preise sind vollkommen im Rahmen. Also nickt sie wieder und lächelt und versucht, sich auf die Klamotten zu konzentrieren. Josephine lässt sie immer noch nicht in Ruhe.

»Darf ich Sie auf unser Sonderangebot aufmerksam machen? Wenn Sie heute zwei Baumwoll-T-Shirts kaufen, bekommen Sie ein drittes gratis dazu.«

Das ist tatsächlich ein interessantes Angebot.

»Vielen Dank. Ich werde es mir überlegen«, antwortet Mareike höflich, wenn auch inzwischen etwas ungeduldig.

Diesmal schenkt Josephine ihr aber wirklich nur ein letztes Lächeln und macht sich auf zum nächsten Kunden.

Mareike hat ziemlich schnell einen grauen Nadelstreifenanzug gefunden, der ihr sehr gut gefällt und auch noch um die Hälfte reduziert ist. Kaum hat sie ihn über dem Arm hängen, steht Josephine wieder vor ihr.

»Darf ich Ihnen das schon mal in eine Kabine bringen?«

Das ist Mareike jetzt wirklich zu viel Aufmerksamkeit. Aus Deutschland ist sie gewohnt, von den Verkäuferinnen nicht beachtet zu werden, und hier wird sie ihre Josephine kaum los.

»Ja, aber ich möchte eigentlich noch weiterschauen«, sagt sie zögerlich.

Josephine versichert ihr, dass das natürlich möglich sei, und verschwindet mit dem Anzug in Richtung Anprobe. Bald hat Mareike ihre Runde gedreht und steuert auf die Kabine zu. Dort wird sie von einer anderen Verkäuferin aufgehalten, die sie fragt, ob sie etwas anprobieren möchte. Glücklicherweise kommt da Josephine schon um die Ecke. »Ich habe für Sie die

Kabine hinten rechts fertig gemacht!«, ruft sie. Ihre Kollegin geht vor und schließt die Kabine auf. Was für ein Umstand! In der Umkleidekabine ist aber richtig viel Platz und Mareike probiert ihren Anzug an. Da klopft es an der Tür und Josephine fragt: »Alles in Ordnung? Kann ich irgendeine andere Größe bringen?«

»Nein danke, alles klar!«, ruft Mareike etwas genervt, weil sie gerade verzweifelt versucht, den Reißverschluss ihrer Hose zu schließen – und das ist bereits nach wenigen Monaten in Kanada durch die vielen Leckereien etwas schwieriger geworden. Schließlich braucht sie doch eine andere Größe. Vorsichtig steckt Mareike ihre Nase aus der Kabine, aber Josephine ist gerade wieder davongerast. Mareike trägt zwar nur ein Unterhemd und die Hose, die peinlicherweise nicht zugeht, aber sie wagt sich trotzdem ein wenig in den breiten Flur, um Josephine heranzuwinken. Peng! Das war die Tür ihrer Umkleidekabine, die schwer ins Schloss gefallen ist. Als sich eine Horde gackernder Mädchen in ihre Richtung bewegt, will Mareike sich schnell in die Kabine zurückziehen. Aber das geht nicht! Sie kann es kaum fassen, aber die Tür ist verschlossen. Sie hat sich ausgesperrt. Wie Hein Blöd steht sie vor ihrer Kabine und fühlt sich plötzlich sehr nackt. Gott sei Dank kommt da Josephine wieder um die Ecke. Diesmal freut sich Mareike sehr, sie zu sehen. Josephine begreift Mareikes missliche Lage sofort und schließt ihr mit einem verständnisvollen Lächeln die Tür auf. Als sie endlich die Ankleide-Odyssee beendet hat, kommt sie schweißnass aus der Kabine und wird von Josephine angestrahlt, die ihr die Sachen abnimmt und ihr einen schönen Tag wünscht. Die muss es auf sie abgesehen haben! Schnell verlässt sie den gruseligen Laden. War das anstrengend!

Was ist diesmal schiefgelaufen?

Beim Einkaufen hat Mareike ein Beispiel nordamerikanischen Services kennengelernt – und dabei leider ein wenig Verfolgungswahn entwickelt. Das war von Josephine ganz und gar nicht beabsichtigt.

Die Verkäuferinnen haben Vorgaben, wie oft sie die Kunden ansprechen und auf Sonderangebote aufmerksam machen sollen. Von Letzteren gibt es in kanadischen Kleidungsgeschäften viele! Ebenso viel wird heruntergesetzt. Irgendwo und irgendwann findet man alles günstiger – darauf kann man sich verlassen, sodass das Einkaufen in Kanada nicht mit dem Schnäppchenjagen in Deutschland zu vergleichen ist, sondern man kaum etwas zum vollen Preis erstehen muss. Die Kabinen sind in der Regel verschlossen. So haben die Verkäufer eine bessere Kontrolle darüber, wer was anprobiert. Oft werden auch wie bei uns Schilder mit Nummern vergeben, je nach Anzahl der Teile, die man anprobiert. Generell ist der Service routinierter, freundlicher und professioneller als in vielen Geschäften in Deutschland.

Was können Sie besser machen?

Die Kabinen in kanadischen Bekleidungsgeschäften sind tatsächlich größer als in Deutschland und die Verkäufer stehen immer bereit, zu helfen. Benötigt man Hilfe während der Anprobe, gibt es in größeren Geschäften oft einen Service-Knopf in der Kabine, den man drücken kann, woraufhin jemand vom Team herbeieilt. Es ist also nicht nötig, die Kabine zu verlassen und sich auszuschließen. Ist man eher schüchtern und möchte in einem Geschäft gar nicht bemerkt werden, begreifen die geschulten Verkäufer auch das recht schnell.

Ansonsten ist es durchaus angenehm, einmal so betüddelt zu werden. Man sollte es genießen und die Suche nach neuen Klamotten so zu einem echten Einkaufserlebnis werden lassen!

16 Wie weit ist es noch?

Kurze Trips und unser Freund Tim

»*Shit*, diese *Québécois* sind wirklich unglaublich«, schimpft Kimberley laut vor sich hin, während sie gerade versucht, einem großen Dodge auszuweichen, der direkt vor ihr die Spur wechselt, als wäre sie unsichtbar. Mareike hat sich schon von Anfang an etwas über den Fahrstil gewundert, es aber auf den Verkehr der Großstadt geschoben. Sie hält die Luft an, als Kimberley trotz einer roten Ampel einfach rechts abbiegt. Ob sie noch lebendig in Toronto ankommen werden?

Kimberley ist ihre Kollegin, und sie hat Mareike vorgeschlagen, über *Thanksgiving* mit zu ihrer Familie nach Toronto zu fahren. Seit bald zwei Monaten arbeitet Mareike nun schon für Mr. McKay. Kimberley ist zu einer guten Freundin geworden und Mareike freut sich wie eine Schneekönigin darauf, endlich Toronto zu sehen und eine echte kanadische Familie kennenzulernen. Jetzt sitzen sie in Kimberleys klapperigem Toyota, den die von ihrer Großmutter geerbt hat. Er macht etwas seltsame Geräusche beim Anlassen, aber das ist noch das kleinste Übel. Außen hat er viele Macken und große Rostflecken aufzuweisen. Mareike fragt sich, wie Kimberley mit dem Wagen durch den TÜV gekommen ist. Schon wieder schert ein Wagen einfach vor ihnen ein. Die Autobahnzufahrten sind aber auch wirklich besonders schmal konstruiert.

Kaum sind sie aus der Stadt raus, entspannt sich die Lage. Mareike hatte keine Zeit mehr, sich die Strecke auf der Landkarte anzuschauen, aber Kimberley hat ihr versichert, dass Toronto quasi direkt nebenan läge. Umso mehr wundert es sie jetzt, dass Kimberley ein dickes Lunch-Paket aus der Tasche hervorzieht und auf dem Armaturenbrett drapiert. Am Straßenrand sieht sie immer wieder Polizeiwagen stehen. Ob ein Verbrecher ausgebrochen ist?

»Kimberley, ist das hier eine gefährliche Gegend, durch die wir fahren?«, fragt sie, während sie den fünften Polizeiwagen zählt.

Kimberley lacht laut auf.

»Nicht dass ich wüsste. Wie kommst du denn darauf? Hey, möchtest du vielleicht mal eine Runde fahren? Ich könnte schon meinen ersten Snack gebrauchen.«

Da sagt Mareike nicht Nein. Ihre erste Autofahrt in Kanada! Das will sie sich nicht entgehen lassen. Außerdem findet sie, dass Kimberley wirklich unglaublich langsam fährt.

Auf einem Rastplatz tauschen die beiden Mädchen die Plätze. Mareike tritt in die Kupplung und will in den ersten Gang schalten, aber irgendwie rastet die Schaltung nicht ein.

»Was machst du denn da? Du musst den Drive-Modus einstellen.«

Verwirrt lässt Mareike Kimberley machen und fährt los. Was ist bitte ein Drive-Modus? Auf der Autobahn gibt Mareike richtig Gas. Das ist doch eine ganz gerade Strecke, warum fahren denn alle so langsam, wundert sie sich, während sie mit 160 Stundenkilometern an den anderen Wagen vorbeibrettert.

»Aaah!«, ein spitzer Schrei reißt Mareike aus ihren Gedanken.

»Himmel, Mareike, hast du den Verstand verloren? Geh sofort vom Gas! Bist du irre?«

Erschrocken bremst Mareike ab.

»Gerade noch rechtzeitig. Da steht schon die nächste Streife.«

Kimberley zeigt auf einen Polizeiwagen in der Ferne. Das ist ja alles höchst rätselhaft. Und Toronto haben sie auch noch nicht erreicht. Obwohl sie schon seit zwei Stunden unterwegs sind.

Mareike fährt lieber wieder bei der nächsten Tankstelle runter und lässt Kimberley ans Steuer.

»Hast du dir gar nichts zu essen mitgenommen? Dann fahren wir eben bei *Tim Hortons* vorbei.«

Wer ist nun wieder Tim Hortons? Ein Freund? Sind sie etwa schon da? Kimberley fährt von der Autobahn ab und hält vor einem Fast-Food-Restaurant. Mareike blättert indes wie wild in ihrem Reiseführer, um herauszufinden, ob *Tim Hortons* ein Ort ist.

»Ich gehe eben auf Toilette. Du kannst dir schon mal etwas zu essen bestellen, wenn du magst.«

Mareike steigt zögerlich aus dem Wagen und blickt über den riesigen Parkplatz. Wie viel Platz die Autos hier haben. Im Wagen neben ihnen sitzt ein älterer Herr, der genüsslich etwas verspeist, was Mareike entfernt an Berliner erinnert.

»*Excuse me, Sir*, können Sie mir sagen, wer oder was Tim Hortons ist?«, fragt Mareike ihn.

»Mädchen, was soll der Quatsch?«, entgegnet er unwirsch und kurbelt sein Fenster hoch.

Was ist diesmal schiefgelaufen?

Das Fahren auf kanadischen Highways und Landstraßen ist viel entspannter als auf deutschen Autobahnen, da es durch die Geschwindigkeitsbegrenzungen keine Raser gibt. Nur die riesigen Trucks übertreiben es manchmal mit der Geschwindigkeit und scheinen keine Grenzen zu kennen. Vor allem in und um Großstädte herum kann es jedoch etwas stressiger werden, gerade, wenn man das Fahren auf sechs- bis achtspurigen Highways nicht gewohnt ist. Da verpasst man schon mal eine Ausfahrt, weil man nicht so schnell über vier Spuren nach rechts rüberziehen kann. Québec hat übrigens einen eher schlechten Ruf, was Autofahren angeht und ist bekannt für die rabiate Fahrweise der Einheimischen – ob das stimmt, muss jeder für sich entscheiden.

Übrigens gibt es in Kanada keine Hauptuntersuchung von Fahrzeugen wie bei uns, wo sie umgangssprachlich nach dem größten Anbieter »TÜV« genannt wird. Die Überprüfung auf Mängel ist Sache der einzelnen Provinzen. Lediglich Manitoba verlangt eine technische Prüfung des Fahrzeugs bei der Zulassung. In manchen Provinzen wie New Brunswick oder Nova Scotia muss man seinen Wagen jedes Jahr prüfen lassen, in anderen wie Ontario alle zwei Jahre und in wieder anderen überhaupt nicht.

Das hat zur Folge, dass in Kanada auch Autos auf der Straße sind, die in Deutschland längst nicht mehr fahren dürften. Ein optischer Nebeneffekt ist aber, dass man viel mehr Oldtimer und beeindruckend verrostete Fahrzeuge zu sehen bekommt …

Wie Mareike schon in Montréal durch die Straßennummern gemerkt hat, meint man in Nordamerika andere Entfernungen als bei uns, wenn man »nah« oder »weit entfernt« sagt. Kanada hat rund 33 Millionen Einwohner, verteilt über eine Fläche, die 29-mal größer ist als Deutschland (zum Vergleich: Deutschland hat rund 80 Millionen Einwohner). Das sind drei Einwohner pro Quadratkilometer, während es in Deutschland 231 Einwohner pro Quadratkilometer gibt. »Gleich nebenan« oder »ein kurzer Ausflug« kann schon mal drei Stunden Autofahrt bedeuten, in diesem Fall sogar fünf Stunden – dabei sind es nur 530 Kilometer bis nach Toronto.

Die maximale Geschwindigkeit auf Autobahnen liegt jedoch meistens bei nur 100 km/h. Und sehr viel Spielraum ist da nicht. Zwar gibt es noch keine fest installierten Blitzgeräte zur Geschwindigkeitsmessung, aber dafür unzählige Streifenwagen, die wie in einem Hollywood-Film mit Blaulicht hinter den Verkehrssündern herfahren und sie anhalten. Das hat sehr hohe Geldstrafen zur Folge, sodass man mit der Höchstgeschwindigkeit nicht scherzen sollte. Deshalb verstand auch Kimberley hier keinen Spaß. Zudem sind die Kanadier nicht an so schnelle Geschwindigkeiten gewöhnt und empfinden diese eher als unsicher und beunruhigend.

Übrigens darf man in den meisten Teilen Kanadas trotz roter Ampel rechts abbiegen, sofern die Straße frei ist. Kimberley ist also vollkommen korrekt gefahren. Die Fußgängerampeln zeigen neben grün und rot sogar die Sekunden an, bis die Ampelphase wieder wechselt. Prinzipiell muss man als Autofahrer die Fußgänger genau im Blick haben, da sie sich so ziemlich jedes Recht herausnehmen. Bei Rot die Straße zu überqueren, ist vor allem in den Innenstädten sehr gängig.

Der Großteil der Autos in Kanada sind Automatikwagen. Es gibt also keine Gangschaltung wie bei uns, sondern ein D für »*drive*« (dann fährt der Wagen sofort los, das heißt, man muss unbedingt darauf achten, die Bremse gedrückt zu halten), ein P für »Parken«, einen Rückwärtsgang und meistens noch einen ersten und einen zweiten Gang.

Der ominöse *Tim Hortons* ist natürlich kein Freund von Kimberley und auch kein Ort. Der Herr, den Mareike gefragt hat, fand ihre Frage höchst suspekt. Zu Recht, wenn man bedenkt, dass Mareike direkt vor einem riesigen Schild mit der Aufschrift »*Tim Hortons*« gestanden haben muss: *Tim Hortons* ist eine Fast-Food-Kette. Typischerweise erhält man hier Kaffee, Bagels, Sandwiches, Salate und Suppen, und der Mann im Auto war gerade dabei, einen leckeren Donut von *Tim Hortons* zu genießen. Wirklich gesundes Essen sucht man in der Nähe der Highways vergebens. Interessanterweise ist die typische Klientel von kanadischen Fast-Food-Lokalen nicht etwa im Teenager-Alter wie bei uns. Wenn man einen *Tim Hortons*, einen *McDonald's* oder eine andere Kette betritt, fällt sofort die hohe Zahl von Kunden im Rentneralter auf. Viele von ihnen nutzen die Lokale als sozialen Treffpunkt. Außerdem bieten die meisten Ketten gratis Kaffee für Senioren an!

Was können Sie besser machen?

Auf jeden Fall sollte man bei den langen Fahrten genug Zeit einplanen. Die vergleichsweise niedrigen Geschwindigkeiten können zu einem entspannteren Fahren führen, wenn nicht allzu viel Verkehr ist, aber in der Nähe der Großstädte sollte man sich besonders auf nervöse und aggressive Fahrer gefasst machen, die gelegentlich auch einfach wild die Spur wechseln oder sehr nah auffahren.

Langsam fahren ist also angesagt. Wer ganz sicher gehen will, sollte wirklich nicht schneller als 100 km/h fahren. Wer das Risiko mag, kann bis zu 120 km/h fahren und wird in den meisten Fällen nicht angehalten. Wenn aber doch, ist die Geldstrafe saftig. Ungefährlich ist es auch nicht, da es auf dem Land immer wieder Wildunfälle gibt und ein ausgewachsener Elch enormen Schaden anrichten kann, besonders wenn man sehr schnell gefahren ist.

Im kanadischen Verkehr

Die meisten Verkehrsregeln unterscheiden sich nicht groß von den deutschen. Anschnallen ist Pflicht und tagsüber muss man das Licht angeschaltet haben. In Québec muss man sich auf französischsprachige oder zweisprachige Verkehrsschilder gefasst machen. Entsprechend der unterschiedlichen Dinge, die es in den verschiedenen Provinzen zu beachten gibt, variieren auch die Warn- und Hinweisschilder: In manchen Gegenden gibt es vermehrt Schilder, die vor Bären, Elchen oder anderen wilden Tieren warnen. In British Columbia wird man häufiger Schilder sehen, die darauf hinweisen, keine brennenden Zigaretten aus dem Auto zu werfen.

Die Ampelanlagen sind immer auf der anderen Seite der Kreuzung und nicht wie bei uns direkt an der Haltelinie. An einer roten Ampel darf trotzdem rechts abgebogen werden, außer in einigen Teilen Québecs, zum Beispiel in Montréal.

In Nordamerika gibt es unendlich viele Stopp-Zeichen, die oft unsere Rechts-vor-links-Regelung ersetzen. Halten an einer Kreuzung mit vier Stopp-Schildern vier Autos, darf derjenige als Erstes fahren, der als Erstes stand. Kommt man an parkenden Schulbussen vorbei, an denen ein Schild blinkt, auf dem »STOP/ARRÊT« steht, muss man unbedingt anhalten und darf nicht vorbeifahren.

Im Allgemeinen liegt die Höchstgeschwindigkeit auf Autobahnen bei 100 km/h, auf Landstraßen bei 80 km/h und in Ortschaften bei 50 km/h.

Tim Hortons ist als Zwischenstopp keine schlechte Wahl, da es dort sehr schöne Sandwiches gibt, leckere Suppen und noch leckerere Bagels und Donuts. Besonders zu empfehlen sind die *Maple Dip Donuts/Glacés d'érable* (Donuts mit Ahornsirupguss) und die Menüs mit den hausgemachten Suppen. Ansonsten bleibt einem nur übrig, sich selbst sein Lunch-Paket zusammenzustellen, wie Kim es getan hat.

17 Wenn Ehrlichkeit nicht am längsten währt

Deutsche Direktheit und kanadische Zurückhaltung

Ein bisschen kommt Mareike sich vor wie in einer amerikanischen Serie. Sie sitzt mit Rachel, Kimberleys kleiner Schwester, auf dem Sofa im Keller und schaut Fernsehen. Es ist kurz vor fünf am späten Nachmittag und Kims Mutter, Carole, kommt die Kellertreppe herunter, um zum Abendessen zu rufen.

Jetzt schon? Gerade in diesem Moment streift der Held im Film der Heldin das T-Shirt über den Kopf und öffnet den BH. Er macht das sehr dezent und man sieht nur ganz kurz einen Brustansatz. Da hört Mareike, wie Carole scharf die Luft einzieht und zischt: »Rachel, Augen zu!«

Zu Mareikes großer Überraschung gehorcht Rachel ganz brav, während die Mutter auf den Fernseher zugeht und ihn ausschaltet.

»Es gibt Essen, Kinder.«

Mareike kann es kaum glauben: Rachel ist 15 Jahre alt, ein richtiger Teenager und kein Kind mehr. Sollte sie tatsächlich die Liebesszene nicht sehen?

Mareike beschließt, der Sache auf den Grund zu gehen. Das findet sie doch mehr als spannend. Anscheinend gibt es hier wirklich einen kulturellen Unterschied, der es in sich hat. Den US-Amerikanern sagt man ja immer nach, dass sie prüde wären. Unterscheiden sich die Kanadier in diesem Punkt wirklich so wenig von ihren Nachbarn?

Als sich alle gesetzt haben und zu essen beginnen, wendet sich Mareike direkt an Carole: »War es in Ordnung, dass ich mit Rachel den Film geschaut habe?«

Carole zögert kurz, setzt dann aber ihr übliches strahlendes Lächeln auf und antwortet: »Ja, ja, natürlich. Ich möchte nur nicht, dass Rachel negativ durch das Fernsehen beeinflusst wird, sie ist ja noch nicht erwachsen. Und bei manchen Dingen … zu manchen Dingen muss man etwas hingeleitet werden, um sie zu verstehen.«

So ganz kauft Mareike ihr das nicht ab.

Inzwischen hat Kimberley einen wunderbaren Truthahn aus der Küche geholt, zusammen mit sehr lecker duftenden Kartoffeln. Nur etwas trocken sieht der Braten aus. Mareike lässt ihren Blick über den Tisch wandern. Eine Soße ist weit und breit nicht zu sehen. Da kommt Carole aus der Küche: »Zur Feier des Tages kommt hier eine gute *gravy*!«

Sie stellt Mareike eine Schüssel mit brauner dickflüssiger Soße vor die Nase.

Mareike startet einen zweiten Versuch und wird diesmal sehr direkt: »Carole, ist es richtig, dass die Nordamerikaner etwas gehemmt sind, was Nacktheit im Fernsehen angeht? Das erzählt man zumindest in Deutschland.«

Wieder zögert Carole etwas. Das Thema ist ihr sichtbar unangenehm.

»Wen meinst du jetzt genau mit Nordamerikanern?«

»Na, die Amerikaner und die Kanadier. In Deutschland stehen wir dem Thema viel aufgeschlossener gegenüber. Ich denke, dass es wichtig für junge Menschen ist, unverkrampft damit umzugehen.«

Mareike bemerkt nicht, wie Caroles Gesicht langsam versteinert. Jetzt schaltet sich Kimberley ein, die das Gespräch mit wachsendem Interesse beobachtet hat.

»Also eigentlich sind alle Menschen, die auf dem amerikanischen Kontinent wohnen, Amerikaner. Aber trotzdem kannst du die US-Amerikaner und die Kanadier nicht in einen Topf werfen. Wir sind kulturell doch sehr verschieden. Sieh dir doch nur deren Politik an!«

»Aber ich meinte doch nur …«, beginnt Mareike wieder – als ihre Nase schrecklich zu kitzeln beginnt. Schnell fingert sie ein Taschentuch aus der Hosentasche, und schon niest sie laut. Etwas verschämt steckt sie das Taschentuch wieder zurück.

Doch anstatt ihr Gesundheit zu wünschen, schweigen alle betreten. Wie unhöflich!

»Möchte jemand noch etwas *gravy*?«, flötet Carole in die unangenehme Stille hinein.

Was ist diesmal schiefgelaufen?

Über das Thema Sexualität und zu Nacktheit in Medien und Öffentlichkeit finden sich in Kanada viele unterschiedliche Ansichten. Jede Familie hat hier ihre eigenen Standpunkte und Erziehungsmethoden. Kims Familie ist eher konservativ und Sexualität sowie Nacktheit sind hier eher Tabuthema. In vielen Familien dürfen Kinder Liebesszenen nicht im Fernsehen sehen und über Sex wird auch nicht wirklich gesprochen. Im Allgemeinen sind die Kanadier hier aber weitaus entspannter als es das Klischee von den US-Amerikanern behauptet, und zwar nicht selten zu Recht. Während in den USA der *Nipplegate* genannte Fauxpas von Janet Jackson beim *Super Bowl* 2004 für großes Aufsehen gesorgt hat, wurde in Kanada die Szene, in der Justin Timberlake einen Teil von Janets Lederbustier versehentlich herunterriss, ungeniert wieder und wieder im Fernsehen gezeigt.

Vor allem aber hat Mareike den Fehler begangen, Kanada mit den USA gleichzusetzen. Hierauf reagieren manche Kanadier besonders allergisch, während andere damit ganz entspannt umgehen. Faktisch sind natürlich alle Menschen, die auf den verschiedenen amerikanischen Kontinenten leben, Amerikaner. Meistens sind mit dem Begriff aber nur die Bewohner der USA gemeint. Manche Kanadier wollen mit diesen auf keinen Fall in einen Topf geworfen werden. Anderen ist die Überlegenheit des mächtigen Nachbarn unangenehm bewusst, welche man bereits an den nationalen Symbolen ausmachen kann: dem Adler, der für die USA steht, und dem kanadischen Biber. Auf beiden Seiten gibt es viele Vorurteile dem Nachbarland gegenüber. Kanadier empfinden die US-Amerikaner oft als überdreht und rüpelhaft, während die Kanadier gerne als konservativ und von den USA abhängig betrachtet werden. Beides kann man so natürlich nicht stehen lassen. Sowohl die USA als auch Kanada sind so riesige und dementsprechend vielfältige Länder, dass Verallgemeinerungen meistens ohnehin nicht haltbar sind. Auf jeden Fall jedoch sind viele Kanadier stolz darauf, Kanadier zu sein. Das merkt man unter anderem daran, dass sie, wo auch immer man sie auf der Welt trifft, irgendwo eine kanadische Flagge angebracht haben: am Rucksack, am Koffer, an der Jacke …

Das Abendessen findet im Vergleich zu Europa oft sehr früh statt. 17 Uhr ist keine Seltenheit, normalerweise gibt es etwa um 18 Uhr Essen. Tiefergehende Diskussionen sind bei Tisch und gerade, wenn man sich nicht gut kennt, eher unangebracht. Mareike hat nicht bemerkt, wie sehr Carole versuchte, höflich zu sein und zugleich zu signalisieren, dass sie über das Thema Sexualität weder sprechen will noch mit Mareikes Standpunkt einverstanden ist – ein klares Nein bekommt man in Diskussionen selten zu hören.

Soße wird übrigens nicht immer zu Fleisch gereicht. Meistens isst man es pur mit etwas Gemüse. Manchmal, vor allem an Feiertagen, gibt es braune *gravy*, eine eher unprätentiöse Tütensoße. Das typische Festtagsessen, gerade an *Thanksgiving*, ist Truthahn.

Nicht jeder Tag ist ein Feiertag

Sowohl für die Reiseplanung als auch für das tägliche Leben sollte man einen Überblick über die Feiertage haben. An diesen sind die Geschäfte teils gar nicht oder nur kurz geöffnet. Oft lohnt es sich, Informationen einzuholen, ob kulturelle Aktivitäten stattfinden und wie man den Festtag am besten mitbegehen kann.

Und hier die **wichtigsten** Feiertage:

Datum	Englisch	Französisch
1. Januar	*New Year's Day*	*Nouvel An*
17. März	*St. Patrick's Day* in Newfoundland	
Karfreitag	*Good Friday*	*Vendredi Saint*
Ostermontag	*Easter Monday*	*Pâques*
Montag vor oder am 24. Mai	*Victoria Day*	*Fête de la Reine* (Geburtstagsfeier des amtierenden britischen und kanadischen Monarchen; in Québec fallen *Victoria Day* und *Journée nationale des patriotes* auf einen Tag)
24. Juni	*National Holiday*	*Fête de la Saint-Jean-Baptiste* (Nationalfeiertag in Québec)
1. Juli	*Canada Day*	*Fête du Canada* (zur Feier des *British North America Act*)

Erster Montag im September	*Labour Day*	*Fête du travail* (Tag der Arbeit)
Zweiter Montag im Oktober	*Thanksgiving*	*Action de grâce* (Erntedankfest)
11. November	*Remembrance Day*	*Jour du Souvenir* (Volkstrauertag)
25. Dezember	*Christmas*	*Noël* (1. Weihnachtstag)
26. Dezember	*Boxing Day*	*Lendemain de Noël* (2. Weihnachtstag)

Beim Niesen ist es übrigens weniger üblich, »Gesundheit« (also *»Bless you«* oder *»À tes souhaits«*) zu sagen als zum Beispiel in Deutschland, wo es beinahe obligatorisch ist. Daher war Kimberleys Familie nicht unhöflich, sondern im Gegenteil vornehm zurückhaltend. Es wäre eher an Mareike gewesen, sich mit einem höflichen *»Excuse me«* für das Niesen zu entschuldigen.

Was können Sie besser machen?

Wenn man nicht weiß, wie die Familie, bei der man eingeladen ist, heikle Themen wie Nacktheit und Sexualität sieht, sollte man zunächst vorsichtig sein. Für die Szene im Film kann Mareike natürlich nichts, aber sie hat doch sehr direkt und forsch nachgefragt, was man vermeiden sollte.

Wenn man das komplexe Verhältnis zwischen Kanada und den USA anspricht, lohnt es sich, gleichzeitig auf die Vorzüge Kanadas eingehen zu können: die kulturelle Vielfalt und das harmonische Zusammenleben aller Bevölkerungsgruppen. Tiefgehende Diskussionen entsprechen aber allgemein nicht den bei einer ersten Begegnung geltenden Konversationsgepflogenheiten, stattdessen sind unproblematische Themen gefragt. Ein Lob auszusprechen, ist bei einem Tischgespräch immer besser, als zu viel Kritik zu üben oder den Eindruck zu vermitteln, man wisse alles besser.

Klare Aussagen zu kontroversen Themen wird man von Gesprächspartnern, die einem eher unbekannt sind, nur selten erhalten – in solchen Situationen bleibt einem nur, zwischen den Zeile zu lesen, will man die Reaktionen der Gesprächspartner verstehen.

Um dem Kommunikationspartner zu zeigen, dass man ihm Aufmerksamkeit widmet, ist es nicht nur in Kanada wichtig, zu signalisieren, dass man zuhört, und nicht in Monologe zu verfallen. Seine Gesprächspartner penetrant auszufragen, wird natürlich ebenfalls als eher unangemessen empfunden.

Kleine Gespräche im großen Kanada

Smalltalk ist ein interessantes Thema, erscheint es uns manchmal etwas direkten Deutschen doch schnell als oberflächlich und sinnlos. Wenn man aber den Hintergrund betrachtet, vor dem sich Smalltalk entwickelt hat, wird einem einiges klarer.

Kanada ist ein enorm großes Land. Als die ersten europäischen Siedler ankamen, taten sie sich in kleinen Dörfern zusammen, die alle weit voneinander entfernt waren. Auf einem neuen Kontinent, ohne das familiäre Umfeld aus der Heimat, musste man Distanzen überbrücken, um zu überleben. Zweckgemeinschaften entstanden und mit ihnen – der Smalltalk. Über religiöse, kulturelle und soziale Unterschiede hinweg können Menschen so kommunizieren, ohne dass eine zu große Verbindlichkeit oder soziale Konflikte entstehen. Bis heute erleichtert diese Art des Gesprächs die Kontaktaufnahme mit Fremden, und in einem Einwanderungsland wie Kanada, wo im Grunde alle zuerst neu und fremd waren, ist Smalltalk ein essenzielles Mittel der Kommunikation. Deshalb hat Smalltalk auch nichts mit Oberflächlichkeit zu tun: Er ist gar nicht dafür gedacht, große Freundschaften entstehen zu lassen oder Themen tiefgehend zu ergründen, sondern bietet lediglich die Möglichkeit, einfach miteinander in Kontakt zu treten.

Gute Smalltalkthemen:

Aktuelles (Wetter, Politik, Wirtschaft, kulturelle Ereignisse)

Reisen, Sport (Achtung: Für Fußball interessieren sich die Kanadier weniger als die Deutschen, Nationalsport in Kanada ist Eishockey)

Hobbys, Beruf (Geld ist kein Tabuthema, sondern wird in Kanada viel offener thematisiert)

18 Warum Hockey nicht Fußball ist

Fanblocks und Prügeleien

Wow – ist das Stadion groß! Wie ein Winzling fühlt Mareike sich vor dem *Air Canada Centre*, dem Stadion in Toronto. In dieser Veranstaltungshalle finden neben Konzerten und Theatervorführungen vor allem Sportveranstaltungen statt – und heute Morgen hat Kim sie am Frühstückstisch mit zwei Tickets für das Hockeyspiel Montréal gegen Toronto überrascht. Wie auch für das NBA-Team *Toronto Raptors* (Basketball) und den *Toronto Rock* in der NLL (Lacrosse) ist das *Air Canada Centre* offizielle Heimspielarena der NHL-Mannschaft *Toronto Maple Leafs* (Eishockey). Kim war total stolz, weil es angeblich sehr schwierig gewesen war, die Karten zu ergattern. Aber da hat sie vermutlich etwas übertrieben, um ihrem Geschenk mehr Wert zu verleihen. Wer interessiert sich denn schon für Hockey – und dann auch noch Eishockey? Umso erstaunter ist Mareike über die riesige Menschenmasse vor dem Stadion. Und alle tragen die Schals, Trikots oder *hats* ihrer jeweiligen Lieblingsmannschaft. Es handelt sich also doch nicht nur um ein kleines Spiel, auch wenn Kim ihr erzählt, dass die Mannschaft aus Montréal es gewohnt ist, zu Hause in einem noch größeren Stadion zu spielen: Das *Bell Centre/Centre Bell* bietet mehr als 20.000 Zuschauern Platz und ist damit das größte Stadion in Kanada.

Mareike hat sich extra etwas Proviant mitgenommen und außerdem eine Flasche Cola eingesteckt, weil Kim schon angedeutet hatte, dass es ein langer Nachmittag werden könnte. Die Schlange am Eingang ist immens und Mareike versteht noch nicht so wirklich, warum. Die Leute haben doch schon alle Tickets, oder? Jede einzelne Person wird gründlichst durchsucht und muss eine Sicherheitsschleuse durchlaufen – was für ein Aufstand für ein einfaches Hockeyspiel. Als sie an der Reihe ist, bittet der Sicherheitsmann sie, ihren Rucksack zu öffnen, und macht ein böses Gesicht, als er Mareikes Vorräte entdeckt.

»Sie können hier keine Getränke und kein Essen mit reinnehmen, Miss.«

Enttäuscht schaut Mareike zu, wie er alles in einen Mülleimer entsorgt.

Kim wartet indes schon ungeduldig am Fuß der Treppe, die sie auf die Tribüne bringt.

»Komm schon, wir müssen zu unseren Plätzen.«

Die beiden sitzen im mittleren Feld, ziemlich weit oben und mit einem Wahnsinnsblick auf das Spielfeld. Irgendwie kommt Mareike alles so eng und nah vor. Aber das Beste hat sie sich für Kim noch aufgespart. Langsam zieht sie ihren Parka aus und grinst Kim stolz an. Guillaume hat ihr zum Einzug ein waschechtes *Les-Canadiens*-T-Shirt geschenkt, das Trikot der Mannschaft Montréals. Und genau das trägt Mareike jetzt. Die gewünschte Reaktion bleibt bei Kim jedoch aus.

»Mareike! Wie kannst du nur! Bist du etwa für Montréal?«

Verdutzt schaut Mareike sie an. Eigentlich war das mit dem T-Shirt eher lustig gemeint. Warum regt Kim sich so auf? Um sie zu besänftigen, winkt Mareike den Bierverkäufer herüber, der seine Runden mit einem Tablett voller Plastikbecher mit Bier dreht, und kauft Kim und sich je eins. Neun Dollar für ein läppisches Bier? Die sind wohl verrückt geworden. Doch Mareike hat keine Zeit, darüber nachzudenken, denn schon wird das Spiel mit lauter Musik und einer bunten Lichtshow eröffnet. Was für ein Spektakel, dabei dachte Mareike, es würde hier um Sport gehen!

Direkt vor sich entdeckt Mareike eine Gruppe Toronto-Fans in den entsprechenden Trikots. Langsam versteht sie gar nichts mehr, denn neben ihr sitzen doch nur Zuschauer in Montréal-Trikots. Ist das hier nicht der Montréal-Fanblock? Durch ihr erstes Bier etwas mutiger geworden, tippt Mareike dem Mann, der direkt vor ihr sitzt, auf die Schulter.

»Entschuldigen Sie, sitzen Sie nicht im falschen Fanblock? Hier sind doch nur Montréal-Fans.«

»Pass bloß auf mit deinen Scherzen, Mädchen. Du wirst schon sehen, heute fegen wir euch weg«, antwortet der und dreht sich lachend zu seinen Freunden zurück. Der hat sie gar nicht ernst genommen! Kim schaut sie etwas verlegen an: »Was sollte das denn jetzt?«

Für den Rest der ersten Hälfte des Spiels hält Mareike sich nun zurück. Sie hat das Gefühl, Kim ganz schön auf die Nerven zu gehen. Doch als sich zwei Spieler auf dem Eis in die Haare kriegen und sich schließlich fast die ganze Mannschaft prügelt, kann Mareike nicht mehr an sich halten.

»Was machen die denn da? Die müsste man alle vom Platz verweisen! Das war ganz klar ein Foul und hat eine rote Karte verdient! Unglaublich!«

Kim schaut sie entsetzt an. Erst jetzt merkt Mareike, dass sie in ihrer Rage etwas laut gesprochen hat. Aber das geht doch wirklich nicht, dass sich die Spieler einfach so auf dem Eis prügeln. Dabei prallen sie mit voller Wucht gegen die durchsichtigen Plastikwände, die rund um das Spielfeld angebracht sind. Jetzt versteht Mareike auch, wofür die da sind! Zum Schutz der armen Zuschauer, die die billigen Karten ganz unten abbekommen haben.

Als das Spiel zu Ende ist, drängt Mareike nach draußen.

»Warum hast du es denn so eilig, Mareike? Lass uns doch noch etwas sitzen bleiben.«

»Bist du verrückt? Bei den Ausschreitungen auf dem Spielfeld will ich gar nicht wissen, wie es erst zwischen den Fans abgeht! Und jetzt hat Montréal auch noch gewonnen, da will ich in meinem T-Shirt nicht von Toronto-Fans verdroschen werden.«

Kim schüttelt ungläubig den Kopf und folgt Mareike, die mit großen Schritten auf den Ausgang zustürmt.

Was ist diesmal schiefgelaufen?

Eishockey ist der Nationalsport der Kanadier und nimmt eine noch wichtigere Stellung ein als in Deutschland der Fußball. Dementsprechend stolz war Kim, für eines der klassischsten Top-Spiele schlechthin, Montréal gegen Toronto, Karten ergattert zu haben. Und tatsächlich ist der Andrang zu dem Spiel riesig, wie Mareike feststellen musste.

Mareike musste außerdem merken, dass es verboten ist, Essen oder Getränke in die Stadien mitzubringen, und das wird auch streng kontrolliert. Es lohnt sich also nicht, Proviant einzupacken, da man diesen ohnehin am Eingang abgeben muss. Stattdessen ist ein ordentliches Taschengeld zu empfehlen: Vor Ort kann man zwar alles kaufen, was das Herz begehrt, doch die Preise sind in der Regel sehr hoch.

Montréal und Toronto sind Eishockey-Erzfeinde. Bei den Spielen der beiden Mannschaften ist die Stimmung immer besonders aufgeheizt. Daher verstand Kim auch gar keinen Spaß, als Mareike ihr mit dem Montréal-Trikot, das sie anhatte, quasi in den Rücken gefallen ist. Es ist ganz wichtig zu wissen, dass es keine Fanblöcke wie in Deutschland beim

Fußball gibt. Die Fans der jeweiligen Mannschaften werden nicht getrennt, sondern sitzen bunt durcheinander, was aber fast nie für Probleme sorgt. Hooligans gibt es in Kanada kaum. Lediglich bei besonders emotionalen Spielen kommt es vereinzelt zu Ausschreitungen.

Prügeleien zwischen den Spielern sind hingegen an der Tagesordnung. Vor allem die semiprofessionellen Spieler der unteren Ligen prügeln sich ständig. Rote Karten wie beim Fußball gibt es allerdings nicht. Ein Spieler kann im Extremfall vom Spiel ausgeschlossen werden, darf dann aber durch einen anderen ersetzt werden. Sportliche Vergehen werden beim Hockey mit Zeitstrafen geahndet: Der betreffende Spieler muss nach einem Foul aussetzen und einige Minuten auf der Bank verbringen, sodass seine Mannschaft in dieser Zeit in Unterzahl spielt.

Die besten Plätze sind übrigens, anders als von Mareike angenommen, diejenigen ganz unten an der Bande. Dort sitzt man direkt am Spielfeld und bekommt alles hautnah mit. Mareike und Kim hatten eher billige Plätze.

Was können Sie besser machen?

Eishockeyfans sollte man niemals unterschätzen. Schlägt man sich auf die Seite eines bestimmten Teams, sollte man natürlich darauf achtgeben, mit welchen Fans man unterwegs ist. Vor Ausschreitungen oder aggressiven Reaktionen muss man aber keine Angst haben. Die Anhänger anderer Mannschaften werden akzeptiert und meistens fiebert man gemeinsam mit, wenn man schon eine der begehrten Karten für ein NHL-Spiel bekommen hat.

Besonders in Toronto und Montréal ist dies fast so schwierig, wie bei einer Lotterie zu gewinnen. Wesentlich einfacher ist es zum Beispiel in Ottawa, wo der Andrang viel geringer ist. Karten für die Spiele der großen Teams kosten etwa zwischen 50 und 350 Dollar. Die unteren Ligen sind günstiger, Karten gibt es dort für fünf bis 15 Dollar. Diese Spiele finden auch nicht in den großen Stadien statt, sondern in kleineren außerhalb der Stadt. Von April bis Juni sind übrigens die *Playoffs*, das heißt, die Finalspiele, bei denen es dann richtig spannend wird und die eigentlich jeder Kanadier vor dem Fernseher verfolgt.

Eishockey in Nordamerika

Die nordamerikanische *National Hockey League* (NHL) wurde 1917 gegründet und gilt allgemein als die beste Liga der Welt. Nicht nur kanadische, sondern auch US-amerikanische Teams spielen hier mit. Der *Stanley Cup*, den der Saisongewinner erhält, ist die begehrteste Eishockeytrophäe der Welt. Der bekannteste Hockeyspieler ist aktuell Sidney Crosby mit einem stattlichen Jahresgehalt von zwischen acht und zehn Millionen US-Dollar. Das Durchschnittsgehalt der NHL-Spieler lag 2010 bei 2,4 Millionen US-Dollar

Ein Hockeyspiel dauert dreimal 20 Minuten, mit Pausen von bis zu 15 Minuten dazwischen. Bei jeder Unterbrechung des Spiels wird jedoch die Uhr angehalten, sodass es im Endeffekt wesentlich länger dauert. Pro Spiel sind im Schnitt ca. 18.000 Zuschauer im Stadion dabei.

In Nordamerika teilen sich die Mannschaften nach Ost und West auf, und zwar zu jeweils 16 Teams. Die besten acht Mannschaften jeder Seite spielen untereinander, bis je ein Sieger für den Westen und einer für den Osten feststeht. Diese beiden stehen sich im Finalspiel, den *Stanley Cup Finals*, gegenüber.

19 Wenn um zwei Uhr das Licht angeht

Tiefgründiger Partytalk und unfreundliche Barmänner

Endlich feiern! Mareike hat sich schon die ganze Zeit gefragt, wie die jungen Kanadier wohl abends ausgehen. Jetzt braust sie mit Kimberley im Auto durch die Nacht und freut sich über die für Oktober noch relativ milden Temperaturen. Sie fahren durch ruhige Wohngebiete, wo kein Mensch auf der Straße unterwegs ist. Erst jetzt fällt Mareike auf, dass fast jedes Haus eine Art Plastikzelt auf dem Parkplatz aufgebaut hat. In manchen stehen Autos. Sind das mobile Garagen? Warum bauen die sich keine richtigen?

Erst geht es zu Noor, einem alten Freund von Kimberley, der in der Nähe des Clubs wohnt, wo sie später hinwollen. Noor wohnt noch bei seinen Eltern und strahlt, als er Kimberley sieht. Mareike folgt den beiden ins Haus und stolpert fast über einen riesigen Berg Schuhe. Da Kimberley ihre Schuhe auszieht, tut Mareike es ebenfalls, obwohl sie es eigentlich nicht mag, bei fremden Leuten in Socken herumlaufen zu müssen. Im Wohnzimmer sitzen schon einige andere Leute, alle haben Plastikbecher mit Bier in der Hand und begrüßen Kimberley und Mareike überschwänglich. Mareike bekommt sofort auch einen Becher in die Hand gedrückt. Nach dem herzlichen Willkommen scheinen aber die meisten doch Berührungsängste mit der Deutschen zu haben und Mareike steht erst einmal alleine am Rand herum. Noor kommt aus einer indischstämmigen Familie und sieht für Mareikes ungereiste

Augen sehr exotisch aus. Zehn Minuten später will er ihr schon den zweiten Becher Bier in die Hand drücken. Was soll das denn werden? Will er sie abfüllen?

»Danke, ich hab noch!«

»Was, du hast noch nicht ausgetrunken? *I thought Germans looove beer, eh?!«* – Ich dachte die Deutschen lieben Bier?!, ruft Noor aus, zieht das *»o«* von *»love«* ganz lang und beendet den Satz mit einem quietschenden *»ey«*.

»Ach, das ist nur eines von vielen Klischees. Was denkt ihr denn noch von den Deutschen?«

Mareike ist ernsthaft interessiert. Das Thema Vorurteile findet sie sehr spannend.

»We love the Germans, eh?! What about you?« – Wir lieben die Deutschen, nicht? Was ist mit dir?, kreischt Noor nur als Antwort und torkelt schon etwas. Mareike fällt auf, dass er das Wort *»about«* wie *»abut«* ausspricht. Ist das ein lokaler Akzent? Wie auch immer, eine ernsthafte Unterhaltung ist anscheinend nicht erwünscht.

Kurz vor Mitternacht bricht die Truppe ins *Red* auf, eine Disko im Ort. Alle außer Mareike sind schon etwas angeschickert. Eintritt müssen sie keinen zahlen, dafür sind die Getränkepreise gesalzen. Jetzt versteht Mareike, warum die anderen vorher so zugelangt haben. Aber wie sollen sie in ihrem Zustand jetzt die ganze Nacht durchhalten? Sie bahnt sich den Weg zur Bar und bestellt über die laute Musik hinweg ein Bier für sich. Sechs Dollar! Was für ein Wucher! Sie legt genau sechs Dollar auf den Tresen und will sich gerade umdrehen, als Kimberley ihr von hinten zuruft, dass sie auch noch ein Bier möchte. Also versucht Mareike wieder den Blick des Barkeepers auf sich zu lenken, aber der beachtet sie gar nicht mehr. Als wäre sie unsichtbar. So was, dabei hat er sie doch gerade noch so angestrahlt.

Nach einer Viertelstunde gibt Mareike auf und will Kimberley ihr eigenes Bier in die Hand drücken. Aber die unterhält sich intensiv mit einem jungen Mann, der auch nicht mehr ganz nüchtern aussieht. Da will sie nicht stören und stellt sich etwas an den Rand. Sofort gesellt sich ein Typ zu ihr und schreit ihr ins Ohr: »Wie heißt du?«

»Mareike, und du?«

»Josh. Was machst du hier?«

»Ich komme aus Deutschland und bin mit Freunden hier. Ich bin heute zum ersten Mal in Toronto und finde es toll!«

»Ah, cool. Kommst du oft her?«

Okay, er scheint ihr nicht richtig zuzuhören. Außerdem wird sein Blick immer glasiger, je dichter er an sie heranrückt. Oh nein, das will sie sich nicht antun. Hilfesuchend sieht sie sich nach Kimberley um. Fast fallen ihr die Augen aus dem Kopf – Kimberley steht doch tatsächlich knutschend mit dem Mann in der Ecke, den sie gerade erst kennengelernt hat. Und wo ist Noor? Der tanzt ziemlich eng mit einem Mädchen, das Kimberley auch noch nicht gesehen hat. Was ist denn hier los? Weil Mareike nicht dumm in der Ecke stehen und angemacht werden will, begibt sie sich ebenfalls auf die Tanzfläche. Die Luft ist stickig und der Club ziemlich voll. Aber langsam hört Mareike sich in die Musik ein und beginnt, am Tanzen Spaß zu haben.

Als sie gerade etwas aufgetaut ist und den Abend endlich genießen kann, geht auf einmal das Licht an. Das kann doch nicht der Zapfenstreich sein? Es ist doch erst kurz vor zwei! Da bisher keiner der Gäste Anstalten macht, die Disko zu verlassen, sondern alle sich weiterunterhalten, zündet sich Mareike aus Frust eine Zigarette an und lehnt sich erschöpft an eine Wand. Prompt steht ein bulliger Riese vor ihr, der sie grimmig ansieht und in sehr schnellem Englisch zu schimpfen beginnt. Mareike versucht noch zu begreifen, was er von ihr will, als er sie schon vor die Tür gesetzt hat. Mareike kann es nicht fassen – ist sie gerade aus der Disko geschmissen worden?

Was ist diesmal schiefgelaufen?

Selbstverständlich gibt es auch in Kanada die verschiedensten Arten, zu feiern, und die unterschiedlichsten Party-Typen. Da die Getränkepreise allgemein aber recht gehoben sind, trinken Mareikes Freunde gerne das eine oder andere Gläschen schon zu Hause. Meistens ist das Interesse an ernsten, tiefgründigen Gesprächen zu diesem Zeitpunkt eher gering und der Fokus liegt bei so manchem dann eher auf der Partnerwahl und auf amüsantem Smalltalk. Das *»eh«* von Noor ist übrigens kein Sprachfehler, sondern ein Laut, den englischsprachige Kanadier gerne am Satzende einfließen lassen. Es werden oft Witze darüber gemacht, dass Kanadier kaum einen Satz ohne das obligatorische *»eh«* beenden können. Bedeutungen kann es viele haben: oder, nicht wahr, was meinst du, sicher… Letztendlich hängt das immer vom Kontext ab und ist Interpretationssache. Die besondere Aussprache des Wörtchens *»about«* ist ebenfalls typisch kanadisch, variiert aber von Gegend zu Gegend.

Die Plastikzelte auf den Parkplätzen mancher Häuser sind in der Tat mobile Garagen, die nur für den Winter aufgebaut werden, um das geliebte Auto nicht ständig freischaufeln zu müssen. Permanente Garagen zu bauen, ist zum einen teuer und zum anderen haben viele dafür keinen Platz auf dem Grundstück.

Zum Glück hat Mareike den Schuhberg richtig interpretiert und ihre Turnschuhe im Flur gelassen. Das ist in den meisten kanadischen Haushalten so Sitte und sicher auch dadurch bedingt, dass die Winter sehr matschig und dreckig sind.

In der Disko ist Mareike gleich in das für Europäer sehr typische Fettnäpfchen getreten: Sie hat kein Trinkgeld gegeben. Nun ist das Thema Trinkgeld immer etwas heikel in Nordamerika. Mareike dachte sicherlich, dass an einer Bar, wo sie selbst ansteht, um ein Bier zu kaufen, kein Trinkgeld nötig ist. Doch da lag sie leider ganz falsch. Die Barkeeper sind auch hier oft deshalb überfreundlich und charmant, weil sie auf das Trinkgeld angewiesen sind. Vergisst man, ihnen etwas zu geben, wird man ganz schnell zu Luft und nicht mehr bedient, was sehr ärgerlich sein kann, wenn der Großteil des Abends noch vor einem liegt.

Die Trinkgeld-Falle

Während in Europa das Trinkgeld freiwillig gezahlt wird und die Wertschätzung eines guten Services ausdrückt, ist es in Kanada ein wichtiger Teil des Gehalts: Oft wird den Bedienungen nur der gesetzliche Mindestlohn gezahlt, sodass sie sich einen großen Teil ihres Gehalts durch Trinkgeld dazuverdienen müssen. Dies hat aber auch einen hervorragenden Service zur Folge und ein obligatorisches großes Lächeln zur Begrüßung. Zahlt man einmal kein Trinkgeld, wird man in den meisten Fällen schief angeschaut, im schlimmsten Fall ignoriert oder aber sogar darauf aufmerksam gemacht. Daher sollte man sich angewöhnen, automatisch ungefähr 15 Prozent auf die Rechnung draufzuschlagen. Wem das Rechnen zu anstrengend ist, kann zum Beispiel im Restaurant auch einfach auf dem Beleg nachsehen, wie hoch die Steuer war. Die beträgt nämlich bereits etwa 15 Prozent, sodass man eben diesen Betrag noch einmal hinzufügen kann. Zahlt man mit Kreditkarte, gibt es die Möglichkeit, das Trinkgeld zuvor extra einzugeben oder es in bar auf dem Tisch liegen zu lassen.

In der Regel müssen die Bars und Diskotheken um spätestens drei Uhr morgens schließen, im Gegensatz zu deutschen Diskotheken, die nicht selten bis sechs Uhr morgens oder länger geöffnet haben. Das erklärt auch das Tempo, in dem Kimberley und ihre Freunde das Feiern betrieben haben: Sie haben sozusagen den Turbogang eingelegt.

Mareike hatte anscheinend keine Ahnung, dass in Kanada fast überall das Rauchen strengstens untersagt ist. Seit 2010 hat sich dies im ganzen Land durchgesetzt und man darf nun in keinerlei öffentlichen Räumen und an keinem Arbeitsplatz mehr seine Zigarette zücken.

Auch Raucherräume sind in den meisten Orten nicht mehr gestattet. Das heißt, dass es auch in Restaurants, Bars und Diskos keine Möglichkeit mehr gibt, zu rauchen. Bei öffentlichen Gebäuden muss ein Abstand von drei bis sechs Metern zum Eingang eingehalten werden, möchte man draußen rauchen. Und dies wird von den meisten auch tadellos eingehalten, weshalb der Türsteher Mareike gegenüber etwas unfreundlich wurde.

Was können Sie besser machen?

Mareike ist ein eher nachdenklicher Mensch, dem Party-Talk sichtlich schwerfällt. In einer solchen Situation sollte man versuchen, sich zu entspannen, auf die netten Smalltalk-Angebote anderer einzugehen oder sich auf die Musik zu konzentrieren. Wenn einem seine Party-Freunde abhanden gekommen oder sie anderweitig beschäftigt sind, bleibt nur, zu tanzen oder aber sich lächelnd zu verabschieden und ein Taxi zu suchen.

Rauchen sollte man tunlichst unterlassen, wo es verboten ist. Damit verstehen die Kanadier keinen Spaß. Vor den Restaurants hat sich eine regelrechte Raucher-Subkultur entwickelt, mit Wärmelampen und Decken für den Winter. Im Allgemeinen hat das Rauchen aber stark abgenommen und wird nicht mehr so toleriert wie noch vor zehn Jahren.

20 Wie man das Landleben genießt

Angeln und andere Leidensformen

Immer tiefer fahren sie in den Wald hinein. Dicke Fichten ziehen an Mareike vorbei, der Waldboden ist mit dichtem grünem Moos und den verschiedensten Farnen bedeckt. Majestätisch recken sich die Bäume in die Höhe und Mareike hat das Gefühl, in eine andere Welt einzutauchen. Nichts als Wald um sie herum, so weit das Auge blickt! Ihre Aufregung steigt – das ist Kanada! Sie sitzt in dem riesigen Jeep von Kims Eltern, die sie netterweise in ihr Ferienhaus eingeladen haben – oder: in ihr *cottage*, wie man es hier nennt. Durch das offene Fenster kann sie schon die Waldluft riechen. Nach zwei Stunden Fahrt von Toronto in Richtung Norden sind sie bereits mitten in der Wildnis. Der Weg wird immer holperiger, Mareike wird hin und her gerüttelt und plötzlich taucht vor ihnen ein wunderschöner See auf. Etwas versteckt hinter ein paar Tannen steht ein pittoreskes Holzhaus, das in roter Farbe gestrichen ist und Mareike an die Häuser aus ihrem Schweden-Urlaub erinnert.

»*Welcome to wild Canada!*« – Willkommen im wilden Kanada!, ruft Kims Vater, als der Wagen hält, und freut sich, als er Mareikes strahlendes Lächeln sieht.

Mareike liebt Seen und kann ihr Glück kaum fassen, als sie ihren Blick über diesen magischen Ort schweifen lässt. Bis zum Ufer stehen große Tannen, die sich in der glatten Wasseroberfläche spiegeln. So unberührt – fast als wären sie die ersten Menschen, die diesen Ort betreten. Und diese Stille!

Bis auf ein bisschen Vogelgezwitscher ist so gut wie nichts zu hören. Mareike schaut in den strahlend blauen Himmel. Nachts muss man hier hervorragend die Sterne sehen können.

Nachdem sie geholfen hat, alle Sachen zu verstauen, und mit Kimberley das Haus erkundet hat, wollen die beiden sich ein wenig in die Sonne legen. Die Sonne hat noch ganz schön Kraft und Mareike wird immer wärmer. Bei dem Wetter kann man sich bestimmt noch wunderbar bräunen. Mareike sieht sich um – weit und breit ist niemand zu sehen. Zudem liegen sie und Kim vor Blicken geschützt hinter einigen Blaubeersträuchern. Die Gelegenheit, um sich das Bikinioberteil ausziehen und *topless* zu bräunen, damit sie keine weißen Streifen bekommt. Da kiekst Kimberley auf einmal ganz seltsam. Mareike merkt es gerade noch rechtzeitig und lässt ihr Bikinioberteil lieber an.

»Wir sind hier nicht in Saint-Tropez«, murmelt Kimberley leise.

Herrje, ist die verklemmt! Hier sieht sie doch kein Mensch.

Eine gute halbe Stunde liegen sie in der Sonne. Langsam wird Mareike langweilig. Außerdem beginnen ihre Beine, wie verrückt zu jucken. Bei genauerer Betrachtung findet sie lauter kleine rote Flecken, die schnell anschwellen. Himmel, ist das eine Sonnenallergie? Die hatte sie mal auf Mallorca, aber das ist Jahre her. Und es sah irgendwie auch anders aus!

Mareike blickt sich um und entdeckt ein kleines weißes Motorboot, das am Steg festgemacht ist und langsam auf der Wasseroberfläche hin- und herschaukelt. Eine kleine Bootsfahrt, mmh, das wäre nicht schlecht.

»Kim, ist das euer Boot?«

»Ja, das benutzen wir zum Fischen. Lust auf eine kleine Angeltour?«

Da lässt Mareike sich nicht lange bitten, und schon sprinten die beiden zum Haus, um sich umzuziehen und die Angeln von Kimberleys Eltern zu holen.

Der Motor des kleinen Bootes rattert mühselig vor sich hin. Als sie auf der Mitte des Sees sind, schaltet Kimberley ihn aus. Die beiden Mädchen halten ihre Angeln ins Wasser. Eine ganze Weile passiert nichts. Die Sonne brennt unbarmherzig auf sie herab und Mareike ist kurz davor einzudösen, als es plötzlich einen starken Ruck an ihrer Angel gibt.

»*Fuck*, Kimberley, ich glaube, es hat einer angebissen!«

»Halt die Angel fest! Halt fest! Und jetzt kurbeln!«

»*Fuck*, der ist echt stark!«, flucht Mareike weiter auf Englisch.

Mareike hängt mit dem gesamten Oberkörper über der Wasseroberfläche und zieht und kurbelt, was das Zeug hält. Kim umklammert ihren Bauch und stemmt sich mit den Beinen gegen die Bootswand, damit Mareike nicht über Bord geht. Mit vereinten Kräften schaffen sie es, den Fisch aus dem Wasser zu ziehen. Eine prächtige Forelle!

Wieder an Land bringt Kimberley die Forelle schnell ins Haus, während Mareike versucht, das Boot am Steg festzumachen.

Ihre Sonnenallergie, oder was immer das sein mag, wird immer stärker. Ihr ganzer Körper ist von kleinen roten Pusteln überzogen.

Überrascht hält sie im Jucken inne und beobachtet, wie ein Motorboot von der anderen Seite des Sees zu ihr herüberfährt. Ein grimmig dreinschauender Mann in einer Art Uniform sitzt am Steuer. Als er auf ihrer Höhe ist, ruft er zu ihr herüber: *»Miss, can I see your fishing licence, please?«* – Fräulein, kann ich bitte Ihre Angelerlaubnis sehen? Ratlos starrt Mareike ihn an.

»Ich … Ich glaub, ich habe keine«, stammelt sie. Der Mann blickt sie finster an: »Dann haben wir ein ernstes Problem, Miss.«

Was ist diesmal schiefgelaufen?

Eine beliebte Wochenendaktivität ist der Ausflug in ein Ferienhaus auf dem Land, auch *cottage/chalet* genannt. Die Häuser sind meistens aus Holz gebaut und variieren sehr in Ausstattung und Größe. Viele Familien besitzen ihr eigenes *cottage*, oft an einem der zahllosen Seen, andere mieten ein Haus, manchmal mit Freunden oder einer anderen Familie, oder man lädt Freunde zu einem Kurzurlaub in sein Haus ein.

Kanadier lieben ihr Land und viele von ihnen sind große Outdoor-Fans. Es werden die verschiedensten Sportarten praktiziert, im Winter Ski- und Snowboardfahren, Schneewanderungen oder Langlaufskitouren, im Sommer Wasserski, Wandern oder Kanufahren. Auch von den Großstädten aus ist man sehr schnell auf dem Land.

Tatsächlich fahren viele Nordamerikaner wie hier Kims Eltern die großen Jeeps, die wir aus den amerikanischen Filmen kennen. Für die Ausflüge aufs Land über zum Teil unbefestigte Straßen sind sie wirklich praktisch, auch wenn sie unglaublich viel Sprit verschlingen. Der ist in Kanada übrigens meistens noch um einiges günstiger als bei uns.

Oben ohne zu baden oder in der Sonne zu liegen, ist in Nordamerika ein No-Go. Die Kanadier sind an so viel Nacktheit nicht gewöhnt und viele empfinden sie als unangenehm.

Der uniformierte Mann in dem Motorboot war ein Ranger, der darauf achtete, dass nicht illegal gefischt wird. Das ist nicht unwichtig in einem Land, in dem es noch wild lebende Lachse und Hechte gibt. Es ist allerdings sehr wahrscheinlich, dass Kims Familie eine Genehmigung besitzt, da sie öfter fischen. Spaß verstehen die meisten Ranger nämlich keinen.

Nicht gedacht hat Mareike an die vielen Mücken in Kanadas Wäldern, vor allem an Seen und anderen Gewässern. Denn das, was sie für eine Sonnenallergie hielt, waren in Wirklichkeit unzählige Mückenstiche, an denen sie noch ein paar Tage lang ihre liebe Freude haben wird. Gerade in den Frühlings- und Sommermonaten sind die Mücken besonders zahlreich und aggressiv, in manchen Gegenden werden sie zu einer regelrechten Plage. Darum haben die meisten Häuser in Kanada Mückenschutzgitter an den Fenstern und Türen, wofür man wirklich dankbar ist, wenn man einmal so zerstochen wurde wie Mareike.

Hinzu kommt, dass es einem manchmal so vorkommt, als wenn Europäer von den nordamerikanischen Mücken noch mehr gestochen würden oder zumindest empfindlicher auf die Stiche reagieren und große Schwellungen bekommen. Die unangenehmsten fliegenden Plagegeister sind tatsächlich die Mücken, außerdem die Schwarzfliegen. 2009 wurde die Angst vor einer durch sie verbreiteten Epidemie des *West Nile Virus* so groß, dass es umfassende Medienkampagnen und Warnungen im Fernsehen gab.

Übrigens flucht man im Englischen weitaus weniger als man glauben könnte, wenn man an amerikanische Filme wie *Pulp Fiction* und *Slap Shot* denkt. Mareike hat es damit etwas übertrieben.

Was können Sie besser machen?

Wörter wie *fuck*, *shit*, *fucking* und Ähnliches sollte man ganz einfach aus seinem Wortschatz streichen. Aber gerade in der kanadischen Natur braucht man sie auch nicht, denn diese lädt eher dazu ein, öfter einmal laut zu staunen und »Wow!« zu sagen.

Möchte man ein Ferienhaus selbst reservieren, gibt es dafür verschiedene Möglichkeiten. Die vermutlich beste Informationsquelle ist die Internetseite der kanadischen Nationalparks (www.pc.gc.ca). Es ist ratsam, so früh wie möglich zu reservieren, am besten einige Monate im Voraus. Für die Ferienzeiten und Feiertage muss man in besonders beliebten Gegenden bis zu einem Jahr im Voraus reservieren. Oft ist auch ein Mindestaufenthalt von drei Tagen oder einer Woche vorgeschrieben.

Raus in die Natur!

Es gibt die verschiedensten Arten, in der Natur zu übernachten. Hier sind einige davon:

Englisch	Französisch	Deutsch
campsite	*camping*	Campingplatz
tent trailer	*tente-roulotte*	Zeltwohnwagen
huttopia tent	*tente huttopia*	großes Zelt, das bereits fertig aufgebaut auf einem Campingplatz gemietet werden kann
hékipia tent	*tente hékipia*	Mittelding zwischen fertig aufgebautem Zelt und Hütte mit Heizung, mehreren Zimmern und Küche
yurt	*yourte*	Jurte: ein traditionelles großes Nomadenzelt in runder Form mit einem Herd in der Mitte und einem Loch im Dach, durch das der Rauch abzieht

igloo	*igloo*	Iglu: ein traditionelles Schneehaus der Inuit, das heute als Touristenattraktion auf der Homepage der Nationalparks (zum Beispiel www.sepaq.com in Québec) für Übernachtungen gebucht werden kann.
cabin	*chalet*	Blockhütte mit fließend Wasser und Elektrizität, die es in verschiedensten Ausstattungen von einfach bis luxuriös gibt.
rustic shelter	*refuge*	einfache Hütte, meistens ohne fließend Wasser und Elektrizität.

Zum freizügigen Sonnen gibt es einige ausgewiesene Nudisten-Strände, zum Beispiel den *Wreck Beach* in Vancouver. Ansonsten hält man sich lieber bedeckt. Hat man ein Haus an einem Privatsee gemietet, wo garantiert niemand stört (oder durch die Nacktheit gestört wird), kann man natürlich ganz andere Freiheiten genießen.

Wer angeln möchte, benötigt eine *fishing licence*, vergleichbar mit dem deutschen Angelschein. Hat man keine, drohen hohe Strafen; schlimmstenfalls wird das eigene Auto konfisziert und man steht ohne Fahrzeug in einem kanadischen Dorf. Für die Lizenz muss man keine Prüfung ablegen. Sie ist bis zu einem Jahr gültig, wobei in manchen Provinzen auch Erlaubnisscheine erworben werden können, die nur einen Tag oder für eine Woche gültig sind. Man erhält sie zum Beispiel in Touristeninformationen, Sportgeschäften oder kleineren Supermärkten. Der Preis variiert von Provinz zu Provinz, liegt aber für eine Jahreslizenz bei ca. 40 Euro. Es lohnt sich, gleich zu fragen, ob es bestimmte Schonzeiten oder andere Regeln gibt, da sich diese innerhalb Kanadas stark unterscheiden. Für bestimmte Fischsorten, zum Beispiel für Lachs, braucht man manchmal eine zusätzliche Angelgenehmigung.

Wirksamer Mückenschutz

Die beste Methode ist, komplett bedeckt zu sein und den Mücken somit wenig Angriffsfläche zu bieten, also lange Hosen zu tragen, Socken und langärmelige Oberteile, und das alles in hellen Farbtönen. Möchte man sich wirklich professionell schützen, gibt es für den Kopf Netzhauben *(mosquito head net/ moustiquaire de tête)*, die sehr wirkungsvoll sind.

In den *drug stores* bzw. den *pharmacies* bekommt man verschiedene insektenabweisende Mittel. Besonders beliebt bei den Kanadiern sind *insect repellents* (Insektenschutzmittel), die einen hohen Anteil an DEET (Diethyltoluamid) haben, eine Chemikalie, die in der Tat sehr gut allerlei Ungeziefer verscheucht. Allerdings kann sie bei empfindlicher Haut erhebliche Irritationen verursachen und sollte daher mit Vorsicht angewandt werden. Besonders bei Kindern sollte nicht mehr als zehn Prozent DEET in Cremes oder Sprays enthalten sein, bei Erwachsenen nicht mehr als 30 Prozent.

Mücken sind bei Sonnenauf- und -untergang am aktivsten, sodass man ausgiebige Aufenthalte an der frischen Luft zu diesen Tageszeiten vermeiden sollte. Türen und Fenster von Häusern sollten dicht schließen und keine Löcher aufweisen. Auf seinem Grundstück kann man die Brutstellen für Mücken minimieren, indem man Behälter mit stehendem Wasser leert.

21 Wo man wilde Wasserfälle findet

Magische Naturerlebnisse und Vorurteile

Tiefenentspannt fahren Kimberley und Mareike den *Queen Elizabeth Way* aus Toronto heraus. Es ist früh morgens und die beiden haben spontan beschlossen, auf ihrem Rückweg nach Montréal einen Abstecher zu den Niagarafällen zu machen.

Mareike ist noch ganz erfüllt von den vielen tollen Dingen, die sie in den letzten Tagen erlebt hat. Mit Kims Familie hat sie eine lange Wanderung durch die dichten Wälder unternommen, kleine Wasserfälle und uralte Bäume gesehen. Am Abend haben sie ein Lagerfeuer vor dem Haus gemacht und darin Marshmallows gegrillt und frisch gefangenen Fisch zubereitet.

Jetzt ist Mareike gespannt wie ein Flitzebogen auf den großen Wasserfall! Dieses Naturspektakel stellt sie sich noch viel beeindruckender vor als den ersten Eindruck von Kanadas Natur, den sie in den letzten Tagen bekommen hat. Kim und sie – alleine vor diesen gewaltigen Wassermassen. Das muss ein magischer Moment sein. Ob man dort irgendwo baden kann?

»Kim, müssen wir lange wandern, bis wir zu den Wasserfällen kommen?«

»Nein, der Weg vom Parkplatz zu den Niagarafällen ist nicht so weit.«

Was für ein Parkplatz? Ist so ein Wasserfall nicht mitten im Wald?

Kim ärgert sich schon wieder über den Verkehr, allerdings diesmal, weil der Wagen vor ihr besonders langsam fährt und zudem nicht richtig in der Spur bleibt.

»Ah, ein *newfie*. Das kann ja nichts werden. Der hat wohl zu viel *Screech* getrunken«, grummelt Kim vor sich hin.

Was ist nun wieder ein *newfie*, fragt sich Mareike. Und was ein *Scree*-dingsda? Als sie den Wagen überholen, schaut Mareike sich das Nummernschild genauer an. »New Foundland & Labrador« steht dort. Hört sich irgendwie nach Hunderassen an.

»Hast du ihn deshalb ›*newfie*‹ genannt?«, fragt sie Kim.

»Pass auf. Ich erzähl dir einen Witz, dann weißt du, was ich meine: Bewerben sich zwei junge Männer auf eine Stelle in New Foundland. Ein *newfie* und einer vom Festland. Die beiden müssen jeweils einen Test machen und zehn Fragen beantworten. Beide haben neun richtige Antworten und eine falsche. Der Chef der Firma teilt ihnen die Ergebnisse mit und sagt dann: ›Wir haben uns für den jungen Mann vom Festland entschieden.‹ – ›Warum denn das?‹, fragt der *newfie*. ›Wir haben doch beide das gleiche Ergebnis und neun Fragen richtig beantwortet.‹ – ›Wir haben uns nicht wegen der richtig beantworteten Fragen entschieden, sondern wegen der falschen›, sagt der Chef. ›Dort hat ihr Konkurrent vom Festland geschrieben: Ich weiß es nicht. Und sie haben geschrieben: Ich weiß es auch nicht.‹ So sind die *newfies*!«

Kim lacht sich schlapp und erzählt einen Witz nach dem anderen, während Mareike noch nicht ganz versteht, warum gerade die armen Neufundländer so durch den Kakao gezogen werden. Nach Neufundland wird sie es wohl auf dieser Reise nicht mehr schaffen, aber zumindest die Hauptstadt Kanadas, Ottawa, möchte sie doch gerne noch mal sehen!

»Na, wenn du meinst …« Kim klingt wenig begeistert.

»Aber das ist doch die Hauptstadt. Die muss man doch gesehen haben! Du würdest bei einer Deutschlandreise doch auch nicht Berlin auslassen. Oder in Frankreich Paris. Oder in Großbritannien London.«

»Nein, aber Ottawa kann man auch nicht wirklich mit diesen Städten vergleichen.«

Was meint Kim denn damit schon wieder? Mareike stellt sich unter Ottawa eine Metropole mit prachtvollen Boulevards, imposanten Gebäuden und vielen Menschen auf der Straße vor – Hauptstadtflair eben!

Plötzlich sieht sie ein Schild am Rande des Highways, auf dem die Niagarafälle angekündigt sind. Jetzt wird es wohl zu dem Parkplatz gehen, von dem Kim sprach. Aber von dort aus müssen sie bestimmt noch ein ganzes Stück zu Fuß gehen. Ein Wasserfall kann ja nicht mitten in der Stadt liegen. Mareike hat zwar keine Wanderschuhe dabei, aber hofft, dass sie trotzdem heil ankommt. Schon an der Abfahrt stauen sich die Autos.

»Was ist denn hier los?«

Staunend betrachtet Mareike die lange Autoschlange, die sich nur schleichend vorwärtsbewegt. Umso besser kann sie die Landschaft betrachten, durch die sie nun im Schneckentempo fahren. Viel Natur ist noch nicht zu sehen. Stattdessen Industriegebiete. Und schließlich unendlich viele Touri-Shops, alle ganz eng nebeneinander. Hier sieht es fast aus wie in Las Vegas, nur kleiner: Kinos, Hotels, Casinos – alles, was das vergnügungssüchtige Herz begehrt. Wo bleibt nur die Natur?

Nach einer gefühlten Ewigkeit kommen sie auf einem unendlich großen Parkplatz an, der bereits rappelvoll ist. Zehn Minuten fahren sie im Kreis, bis endlich ein Platz frei wird.

»So, da wären wir.«

Neugierig folgt Mareike Kim. Ein Schild weist in Richtung *Horseshoe Falls.* Auf einem anderen Hinweisschild steht »*Maid of the Mist*«. Das hört sich irgendwie eklig an. Was das wohl heißt?

Zu Fuß geht es ein paar Minuten den ausgeschilderten Weg entlang. Kurz vor einer Aussichtsplattform staut sich die Menschenmenge.

»Was ist denn hier los?«

»Wir bekommen jetzt Regencapes. Du wirst schon sehen, warum«, sagt Kim und schmunzelt.

Mareike schüttelt ungläubig den Kopf. Es ist doch strahlend blauer Himmel! Das braucht sie nun wirklich nicht. Sie klemmt sich ihr Cape unter den Arm und drängelt sich ein wenig vor. Sie will endlich die Niagarafälle sehen! Plötzlich steht sie auf einer großen Aussichtsplattform. Ein phänomenaler Ausblick eröffnet sich vor ihr. Da sind sie – die Niagarafälle! Mit ungeheurer Macht stürzen unfassbare Wassermassen den Hang herunter. Von allen Seiten scheint das Wasser zu kommen. Gischt schäumt auf und überall ist ein feiner Wasserdunst in der Luft. Und dieser Lärm, den das Wasser macht, wenn es in den Abgrund stürzt! Wow! Mareike fehlen die Worte. Sie fühlt sich plötzlich ganz unbedeutend, klein und allein. Na ja, zumindest unbedeutend und klein. Das Klicken von knapp hundert Kameras um sie herum, das staunende »Ah!« und »Oh!« aus Touristenkehlen, mit denen sich gleich mehrere Chöre voll besetzen ließen, die Ellenbogen in ihrer Seite, mit denen auch andere Sänger einen Platz in der ersten Reihe beanspruchen: Allein sind Kim und sie nicht. So viel zum mystischen Naturerlebnis! Und außerdem ist sie klatschnass!

Was ist diesmal schiefgelaufen?

Die Niagarafälle sind zwar die meistbesuchten Wasserfälle Kanadas und ein beeindruckendes Naturschauspiel. Wirklich in der Natur, im Wald oder fernab von der Zivilisation liegen sie aber ganz und gar nicht. Das kleine Dörfchen Niagara liegt direkt nebenan und um die Wasserfälle herum sind die verschiedensten Touristenattraktionen verteilt – eine gut geölte Tourismusmaschinerie, was aber dem Spektakel keinen Abbruch tut. Wer jedoch schon einmal große Wasserfälle in Südamerika oder in Afrika gesehen hat, wird vielleicht etwas weniger beeindruckt sein. Für alle anderen ist es nach wie vor ein tolles Ausflugsziel.

Zudem liegt der Wasserfall an der amerikanisch-kanadischen Grenze. Wenn man möchte, kann man die Grenze passieren und sich die Wasserfälle von der anderen Seite aus ansehen.

Die Einreiseformalitäten kosten jedoch etwas Zeit, da jeder Einzelne registriert und genau überprüft wird, inklusive Fingerabdrücke. Die kanadische Seite gilt bei vielen Touristen als beliebter, da die Aussicht hier besser sein soll, sodass sich ein Übergrenzen nicht unbedingt lohnt.

Der Wasserfall auf der amerikanischen Seite heißt übrigens *American Falls*, während die kanadische Variante die *Horseshoe Falls* sind.

Den 50 Meter tiefen Abhang der Fälle herunterzuspringen ist sowohl verboten (und wird mit hohen Strafen geahndet) als auch lebensgefährlich. Wenn man die tosende Wassermenge sieht, kommt man aber auch nicht unbedingt auf den Gedanken, gerade dort baden zu gehen.

Abenteurer an den Niagarafällen

Eine ganze Reihe lebensmüder Abenteurer ist bereits die Niagarafälle heruntergesprungen. Eine der ersten war die Lehrerin Annie Edson Taylor, die sich 1901 in einem Holzfass den Abhang hinabstürzte und tatsächlich überlebte. Andere wiederum wagten sich auf Seilen über die tosende Wassermenge. Dem Seiltänzer Jean François »Blondin« Gravelet gelang dieses Kunststück 1859.

1960 wurde ein sieben Jahre alter Junge von der Crew einer *Maid of the Mist* lebend geborgen, nachdem er oberhalb der Wasserfälle aus einem Boot gefallen und nur durch eine Schwimmweste geschützt den Wasserfall hinuntergefallen war. Ein Freund seiner Eltern, der ebenfalls die Fälle heruntergefallen war, konnte Tage später nur noch tot geborgen werden.

2003 überlebte der Amerikaner Kirk Jones als Erster den Sturz ohne jedes Hilfsmittel.

Mareike stand auf der Aussichtsplattform ganz unten. Es gibt einige weiter oben, von denen sich noch einmal eine ganz andere Perspektive bietet. Eine *Maid of the Mist* ist übrigens nichts Unanständiges. »*Mist*« ist das englisch Wort für feuchten Dunst und »*Maid of the Mist*« die Bezeichnung für die kleinen Schiffe, die seit 1846 Touristen ganz nah an die Wasserfälle heranfahren. Das Regencape hätte Mareike allerdings besser angezogen – sowohl auf dem Schiff als auch auf einigen der Aussichtsplattformen wird man pitschnass!

Die Kanadier sind eigentlich nicht dafür bekannt, voller Vorurteile zu sein. Im Gegenteil, sie gelten als besonders tolerant. Kimberley hat jedoch, wie manch anderer auch, Vorurteile gegenüber Ottawa. Die Innenstadt ist in großen Teilen grau und voller Geschäftsgebäude, gerade am Wochenende ist sie manchmal wie ausgestorben. Auf eine Weltstadt im europäischen Stil sollte Mareike sich nicht einstellen.

Ottawa hat nur 1,2 Millionen Einwohner und ist vor allem dadurch geprägt, dass hier der Sitz der Regierung ist. Sehr viel Industrie gibt es in der Stadt nicht, die großen Unternehmen sitzen eher in der Metropole Toronto. Die britische Königin Victoria entschied 1857, Ottawa zur kanadischen Hauptstadt zu machen, und zwar vor allem aus zwei Gründen: Zum einen war die Stadt im Vergleich zu Toronto oder Montréal weiter von der US-amerikanischen Grenze entfernt und so durch ihre Lage besser vor Übergriffen abgesichert. Zum anderen liegt die Stadt an der anglo-frankokanadischen Sprachgrenze. Dies merkt man unter anderem daran, dass die Schwesterstadt Gatineau am gegenüberliegenden Ufer des Ottawa River bereits in der Provinz Québec liegt. Gemeinsam mit Ottawa bildet sie die National Capital Region.

Bis in die 1960er-Jahre hinein war Ottawa kein sonderlich attraktiver Ort. Seitdem hat sich jedoch viel geändert, die Stadt hat sich wirklich gemacht. Heute hat sie ein reiches, vielseitiges Kulturleben und wird von einer bunten, kosmopolitischen Stimmung beherrscht. Immer mehr Einwanderer aus den verschiedensten Ländern siedeln sich in Ottawa an und die Zweisprachigkeit des Landes wird hier besonders propagiert.

Mareike konnte mit dem Begriff »*newfie*« nichts anfangen. Die Vorurteile gegenüber den *newfies* sind vergleichbar mit denen gegenüber den Ostfriesen in Deutschland. Man macht sich gerne über sie lustig und ihnen hängt der Ruf an, eher minderbemittelt zu sein, da der Großteil der Neufundländer früher aus einfachen Fischern bestand. Dass Witze über die *newfies* genauso unberechtigt sind wie die über Ostfriesen, ist jedoch allen klar – und zudem gibt es auch viele Witze über die *Québécois* und ihr Unabhängigkeitsstreben.

Aus Neufundland stammt auch der Rum namens *Screech*. Im 17. Jahrhundert etablierten sich rege Tauschbeziehungen zwischen Jamaika und Neufundland: Die Neufundländer brachten mit ihren Schiffen Salzdorsch aus dem Norden und erhielten im Gegenzug jamaikanischen Rum. Dieser ist heute eine Spezialität Neufundlands. Und in Jamaika ist der *saltfish* seitdem ein typisches Nationalgericht!

Was können Sie besser machen?

Bei den Niagarafällen sollte man sich auf jeden Fall auf viele Besucher einstellen. Die Hochsaison ist von Mai bis September. Im Winter kann es einem hingegen passieren, dass der Fluss vergleichsweise wenig Wasser führt, denn nachts und außerhalb der Saison werden bis zu 75 Prozent der Wassermenge für verschiedene Wasserkraftwerke abgezweigt.

Das Bootfahren auf einer *Maid of the Mist* ist eine feuchte Angelegenheit: Die Gischt schäumt so sehr, dass man trotz der verteilten Regencapes klitschnass wird. Der stolze Preis von knapp 16 Dollar lohnt sich aber auf jeden Fall, da man den Wassermengen sonst nie so nah kommt. Auch abends lohnt sich der Besuch der Niagarafälle, dann wird das Wasser in verschiedenen Farben angestrahlt.

Wasserscheue Besucher können sich auch auf den *White Water Walk* begeben, der ein paar Hundert Meter von den Wasserfällen entfernt angeboten wird. Das Wasser gelangt dort in einen engen Canyon, sodass meterhohe Wellen entstehen. Und wer es besonders exklusiv mag, bucht kurzerhand einen Helikopterflug!

Man sollte übrigens nicht auf die unkenden Stimmen hören, die Ottawa als langweilig bezeichnen. Natürlich ist es auf den ersten Blick weniger aufregend als die Metropolen Montréal, Toronto und Vancouver. Es hat aber dennoch sehr viel zu bieten.

Wo man Ottawa genießen kann

Das Zentrum lässt sich bequem zu Fuß erkunden. Das *House of Parliament* befindet sich auf einem Felsen über dem Ottawa River. Südlich davon liegt das Banken- und Geschäftsviertel und östlich der *ByWard Market,* einer der ältesten Märkte Kanadas, auf dem sich sowohl frisches Obst und Gemüse finden lässt als auch kleine Modeboutiquen, Feinschmeckerläden, Cafés und Restaurants.

Vor den Toren der Stadt findet sich der Parc de la Gatineau, ein großes Gebiet mit herrlichen Wäldern und Seen.

Durch den Rideau River und den Ottawa River hat die Stadt einen direkten Bezug zur Natur. Da zwischen den beiden Flüssen ein gewaltiger Höhenunterschied besteht, wurde 1826 eine Schleusentreppe gebaut, die Rideau Canal Locks. Diese ist ein wahres Wunderwerk der Technik und einen Abstecher wert. Im Winter verwandelt sich der Rideau Canal in eine kilometerlange Schlittschuhbahn.

Die *National Gallery* (Kunstsammlung) und das *Musée de la Civilisation* (ein kulturgeschichtliches Museum) bieten eine besonders schöne Einführung in die kanadische Kultur.

Auch von den vielen dummen Witzen, die über die Neufundländer kursieren, darf man sich nicht beeinflussen lassen und man sollte nicht denken, dass an den Klischees etwas dran ist. Die kanadischen Provinzen sind so unterschiedlich, dass sie sich gerne gegenseitig übereinander lustig machen: Die *Québécois* sind als schwierige Separatisten verschrien, die Neufundländer als dumme Fischer, die Einwohner Vancouvers als Hippies, Alberta als Cowboy-Land und Toronto als Öko-Hochburg. Trotzdem sollte man nicht vergessen, den *Newfoundland Screech* zu kosten!

22 Warum Kanada nicht gleich Kanada ist

Falsche Freunde, falsches Popcorn und falscher Film

Fast sieben Stunden Flug und sie ist immer noch im selben Land. Unglaublich. Mareikes Eltern möchten an dem Kanada-Jahr ihrer Tochter teilhaben und haben sich in den Kopf gesetzt, sie in Vancouver zu treffen. Also hat Mareike sich zwei Wochen Urlaub genommen und einen Flug an die Westküste gebucht.

»Das kann doch nicht so weit sein. Ist doch im selben Land«, hat ihre Mutter noch gesagt. Pustekuchen. Das ist fast genauso weit wie einmal durch Europa und außerdem ziemlich teuer.

Als Mareike am Flughafen in Vancouver zum Taxistand geht, zieht sie erst einmal gleich wieder ihre dicke Daunenjacke aus, die sie sich erst letzte Woche in Montréal gekauft hat. In Québec hat es Ende Oktober überraschenderweise schon einige bitterkalte Tage gegeben. Hier herrscht dagegen fast noch Hochsommer! Na ja, so warm ist es auch wieder nicht, aber immerhin 15 Grad, wie ihr die Anzeige im Flughafen verrät.

Mit ihren Eltern hat Mareike sich in der Lobby ihres Hotels verabredet. Als sie endlich aus dem Fahrstuhl kommen, stürmt sie ihnen entgegen und umarmt sie. Sie freut sich riesig, dass sie die weite Reise auf sich genommen haben. Wie hat sie ihre Eltern vermisst! Nach der herzlichen Begrüßung beschließen sie, schnell etwas im Fast-Food-Laden gegenüber zu essen, bevor sie sich die Stadt ansehen.

Hannes, Mareikes Vater, geht zum Tresen und bestellt mit lauter Stimme: »*Three pommes and one cola, please.*«

Die Bedienung schaut ihn ratlos an. Er zeigt auf die Pommes, die der Herr neben ihm gerade bekommt. Jetzt scheint man ihn zu verstehen und einige Minuten später hat er drei schöne Portionen Pommes Frites und eine Dose Coca Cola auf seinem Tablett. Etwas enttäuscht trabt er zurück zu Mareike und ihrer Mutter Brigitte.

»Also, erst hat sie mich nicht verstanden und dann gibt sie mir weder Servietten noch Ketchup. Ich mag dieses Lokal nicht«, grummelt er.

Abends regnet es und die drei beschließen, ins Kino zu gehen. Neben den großen Hollywood-Blockbustern laufen auch einige Filme, die Mareike gar nichts sagen und kanadische Produktionen zu sein scheinen, darunter die Sondervorstellung eines scheinbar älteren Dokumentarfilms namens *The Terry Fox Story*.

»*Who the hell is Terry Fox?*« – Wer zum Teufel ist Terry Fox?, murmelt Mareike leise vor sich hin.

»Das kann nicht Ihr Ernst sein, dass Ihnen Terry Fox nichts mehr sagt. Die neue Generation hat wirklich gar keine Vorbilder mehr«, fährt sie plötzlich eine gekränkte Stimme von der Seite an. Mareike braucht einen Moment bis sie merkt, dass sie gemeint war, aber da ist die ältere Frau, zu der die Stimme gehört, bereits an der Kasse und Mareike genauso unwissend wie vorher.

Weil Mareikes Mutter ein großer Italien-Fan ist, entscheiden sich die drei für einen italienischen Film. Im Foyer riecht es so verführerisch nach Popcorn, dass Brigitte nicht widerstehen kann.

»Ich hole mir eben eine Tüte Popcorn. Ich habe jetzt so eine Schmacht auf Süßes.«

An der Kasse bestellt sie die größte Portion Popcorn, die es gibt. Wow – die ist wirklich riesig. Die Bedienung füllt die Tüte randvoll und fragt: »Mit Butter?«

Verwirrt schüttelt Brigitte den Kopf. Was für seltsame Angewohnheiten es in manchen Ländern gibt. Süßes Popcorn mit Butter? Igitt. Hochzufrieden marschiert sie wieder auf Hannes und Mareike zu und genehmigt sich schon mal eine Handvoll Popcorn. Doch kaum hat sie es im Mund, verzieht sich ihr Gesicht. Sie rennt zum nächsten Mülleimer und spuckt den Inhalt ihres Mundes wieder aus. Was ist denn nur in sie gefahren? Als sie die ganze Tüte mit leidendem Gesichtsausdruck in den Mülleimer wirft, schimpft sie: »Das ist gar nicht süß, sondern salzig! Die müssen Zucker mit Salz vertauscht haben.«

Als dieser Schock überwunden ist, freuen sich die drei nun auf den Film. Doch als der losgeht, staunen sie nicht schlecht. Er ist doch tatsächlich auf Italienisch! Mit englischen Untertiteln. Das muss ein Versehen sein. Erst das versalzene Popcorn und nun der falsche Film! Das ist wirklich kein besonders professionelles Kino!

Was ist diesmal schiefgelaufen?

Zunächst einmal hat Mareike die Strecke bis Vancouver unterschätzt: Von Montréal aus sind es noch ca. 4.000 Kilometer. Zum Vergleich: Zwischen Montréal und Paris liegen etwas mehr als 5.800 Kilometer. Dementsprechend unterscheiden sich so lange Inlandsflüge preislich nur gering von den Flügen nach Europa, auch wenn sie meistens doch zumindest ein wenig günstiger sind.

An der Westküste Kanadas findet man zudem ein vollkommen anderes Klima vor als an der Ostküste. Dort herrscht ein kontinentales Klima, die Winter sind lang und kalt, während in Vancouver das Klima milder ist, es mehr regnet und eher selten schneit.

Mareikes Vater Hannes ist in eine Sprachfalle getappt, die besonders für Deutsche typisch ist. Die Bezeichnung *»pommes frites«* ist französischen Ursprungs und wird im anglophonen Kanada von kaum jemandem verstanden. Ketchup und Servietten kann man sich in kanadischen Fast-Food-Läden übrigens an kleinen Theken unbegrenzt selbst nehmen, ebenso Strohhalme und Deckel für Getränke.

Das Kino hatte neben den Blockbustern auch einige eher ungewöhnliche Filme im Programm. Was Mareike nicht wissen konnte: Terry Fox ist so etwas wie ein kanadischer Nationalheld. Als junger Mann verlor er durch eine Krebserkrankung sein rechtes Bein. Um Geld für die Krebsforschung zu sammeln, beschloss er 1984, mit seiner Prothese von der kanadischen Ost- zur Westküste zu laufen. Nach 143 Tagen und 5.373 Kilometern musste er abbrechen, weil er Atembeschwerden und Schmerzen hatte. Es stellte sich heraus, dass der Krebs bereits Metastasen in der Lunge gebildet hatte, und kurze Zeit später starb Terry im Alter von 20 Jahren. Kanadier sind bis heute zutiefst gerührt, wenn sie an Terrys Geschichte denken. Im ganzen Land gibt es Statuen von ihm und jedes Jahr findet in verschiedenen kanadischen Orten der Terry-Fox-Marathon statt.

Das Kino war ein ganz normales Kino und keineswegs unprofessionell: Popcorn ist in Nordamerika fast immer salzig, nur selten wird auch süßes angeboten. Filme sind so gut wie nie synchronisiert, sondern werden in der Originalsprache mit Untertiteln in Englisch oder Französisch gezeigt. Für ungeübte Augen kann das Mitlesen zunächst anstrengend sein, aber im Laufe des Films gewöhnt man sich meistens daran.

Was können Sie besser machen?

Reisen Sie Ende Oktober an die Westküste, sollten Sie den sogenannten Zwiebellook kultivieren. Das heißt, Sie brauchen von allem etwas, da die Temperaturen noch stark schwanken können. Vor allem aber ist es eine gute Idee, Regensachen einzupacken.

Will man sich in einem Fast-Food-Restaurant Pommes bestellen, sagt man im Englischen: »*One serving of French fries, please.*« – Eine Portion Pommes Frites, bitte. Und im Französischen heißt das: »*Une portion de frites, s'il vous plaît.*« Wenn man eine Cola bestellt, spricht man übrigens auch nicht von Cola, sondern von *coke*, und zwar sowohl im Englischen als auch im Französischen.

Falsche Freunde im Englischen

False friends gibt es gerade im Englischen besonders viele. Meistens nehmen die Kanadier diese Fehler aber mit Humor. Hier sind einige Beispiele:

Englisch	tatsächliche Bedeutung	Missverständnis	Übersetzung des Missverständnisses
corn	Mais	Korn	*grain*
first floor	Erdgeschoss	erster Stock	*second floor*
gas	Benzin	Gas	*gas*
kindergarten	erste Klasse der Grundschule	Kindergarten	*preschool*
liberal	sozialdemokratisch, links	liberal	*libertarian*
student	auch: Schüler	Student	*collegian, scholar*
sympathetic	mitfühlend	sympathisch	*friendly*

Von Terry Fox findet man in ganz Kanada Statuen, Denkmäler und natürlich den jährlichen Marathon. Jedes Kind kennt ihn und man sollte sich nicht über ihn lustig machen, sondern respektvoll mit seiner Geschichte umgehen. Eine so extreme Reaktion wie die der alten Dame gegenüber Mareike ist aber selten.

Über nicht synchronisierte Filme kann man sich eigentlich freuen, da man auf diese Weise endlich einmal die Originalstimmen der Schauspieler zu hören bekommt und den Film so sieht, wie er eigentlich gedacht war. Außerdem trainiert man noch ganz nebenbei seine Fremdsprachenkenntnisse. Ansonsten kann man versuchen, in Videotheken DVDs mit einer deutschen Synchronfassung zu finden, die es in Amerika aber fast nirgendwo gibt. Will man zudem eine nordamerikanische DVD zum Beispiel auf seinem deutschen Laptop anschauen, kann man Schwierigkeiten mit dem Ländercode bekommen (in Nordamerika: 1, in Europa: 2). Diesen kann man bei jedem Laufwerk nur ein paar Mal umstellen.

Entscheidet man sich doch für den Kinobesuch, ist salziges Popcorn sehr zu empfehlen, wenn man nicht gerade Heißhunger auf Süßes hat. Und mit zerlassener Butter wird das Ganze zwar zu einer echten Kalorienbombe, aber auch unglaublich lecker!

23 Wer die Qual hat, hat den Wal

Von Mägen und Schwanzflossen

Eines wollen Mareike und ihre Eltern in Kanada auf jeden Fall sehen: Wale! In Vancouver soll das besonders gut gehen, haben sie gehört. Heute ist allerdings ein stürmischer Tag. Mareike wird etwas mulmig, wenn sie sich vorstellt, bei diesem Wetter auf dem Wasser zu sein. Aber ihr Vater ist gar nicht zu bremsen. Begeistert beginnt er, eine Liste mit Anbietern von *Whale-Watching*-Touren abzutelefonieren, die er sich im Internet zusammengesucht hat. Es dauert eine ganze Weile, bis er endlich jemanden erreicht. Die meisten gehen nicht ans Telefon. Der Mann am anderen Ende der Leitung verspricht ihnen die tollsten Sachen: dass sie ganz viele Wale sehen werden, vielleicht sogar Babywale und Sprünge durch die Luft! Dafür verlangt er allerdings auch einen stolzen Preis. Egal, Mareike und ihre Eltern wollen auf jeden Fall mitfahren. Ob sie wohl einen Blauwal sehen werden, den größten Wal der Welt?

Eine Stunde später stehen sie im Hafen vor einem relativ großen Boot voller Touristen. Da das Wetter wieder recht mild ist, hat Mareike ihre Mütze und die Handschuhe im Hotel gelassen. Auf dem Boot drängeln alle nach oben aufs Deck, von wo aus man die beste Sicht hat. Schon nach wenigen Minuten merkt Mareike, dass hier oben ein anderer Wind weht als auf dem Festland. Sie schlägt den Kragen ihres Parkas hoch, um sich wenigstens etwas gegen die Kälte zu schützen. Mit einem Ruck fährt das Schiff los und düst mit einer

Wahnsinnsgeschwindigkeit übers Meer, sodass Mareike kurz das Gleichgewicht zu verlieren droht. Sie werden immer weiter hinaus in die Bucht gefahren, bis das Ufer nur noch ganz klein in der Ferne zu sehen ist. Dann drosselt der Kapitän das Tempo und schaltet den Motor aus.

Der Seegang ist ziemlich stark. Mareike friert und langsam wird ihr auch etwas flau im Magen. Wo sind denn nun die ganzen Wale? Eine halbe Stunde vergeht, ohne dass etwas passiert.

»Wal auf der linken Seite!«, tönt es da plötzlich durch die Lautsprecher.

Wumms – alle Passagiere schmeißen sich auf die linke Seite des Boots, sodass es fast in Schieflage gerät. Mareike und ihre Eltern sind nicht so schnell und stehen nun ganz hinten, sodass sie kaum etwas sehen.

»Wal auf der rechten Seite!«

Wumms – alle drängeln rüber auf die andere Seite und überrennen dabei Mareike und ihre Eltern fast. Mareike kann gerade noch einen Blick auf etwas erhaschen, das wie ein Walrücken aussieht, aber relativ weit entfernt durchs Wasser gleitet. Und schon ist es verschwunden. Wie schade. Zeigen die denn gar nicht ihre Schwanzflosse wie auf den Bildern in den Prospekten?

Und wieder Wal-Alarm! Diesmal ist der Wal nicht ganz so weit weg und das Boot schießt auf ihn zu, damit die Touristen ihn gut sehen können. »Ah« und »Oh« ist von der Menge zu hören und alle halten ihre Kameras in die Höhe. Mareike ist indes damit beschäftigt, ihre Mutter, der von dem ganzen Geschaukel plötzlich ganz schlecht geworden ist, auf eine Bank zu verfrachten.

Nach zwei Stunden stehen die drei wieder auf trockenem Boden und atmen tief durch. So schnell würde Mareike solch eine Tour nicht noch mal mitmachen. Brigitte sieht immer noch ganz blass aus.

»Das war aber toll!«, strahlt Hannes seine Tochter an.

Na, wenigstens einem hat es gefallen.

Was ist diesmal schiefgelaufen?

Ende Oktober ist nicht wirklich Hochsaison für *Whale Watching*. Die ideale Zeit, um die beeindruckenden Meeressäuger zu sehen, ist von April bis Mitte Oktober, denn im Winter ziehen die meisten der Tiere in den Süden, um dort Nahrung zu finden und ihre Jungen zu gebären. Deshalb hat sich auch zunächst lange Zeit kein Wal blicken lassen. Mareike und ihre Eltern haben sogar Glück gehabt, überhaupt einen gesehen zu haben.

Mareikes Vater hatte solche Schwierigkeiten, einen Veranstalter zu erreichen, da die meisten im Spätherbst und Winter keine Touren anbieten. Prompt sind sie in eine Touristenfalle getappt, die überteuert und unseriös war. Die großen Versprechungen am Telefon sind vollkommen unrealistisch. Auch über die Tour selbst kann man nur den Kopf schütteln.

Mareike und ihre Eltern sind auf einem relativ großen Boot gelandet, das viele Passagiere an Bord nehmen und auch noch bei schlechtem Wetter und starkem Seegang aufs Meer hinausfahren kann. Das ist eher ungewöhnlich, achten doch die meisten Veranstalter darauf, bei zu starkem Wind keine Touren zu machen.

Diesmal ist zum Glück alles gut gegangen, nur Brigittes Magen hat die Tour nicht gut verkraftet. Mareike hätte wissen müssen, dass es auf dem Wasser richtig kalt ist, selbst wenn das Wetter an Land noch mild ist. Gute Anbieter weisen darauf aber auch hin.

Auf *Whale-Watching*-Booten ist es oft so, dass der Kapitän nach Walen Ausschau hält und den Passagieren durch das Mikrofon mitteilt, wenn er einen sieht. Dann heißt es, schnell zu sein, weil sich natürlich alle auf die Seite begeben, wo der Wal zu sehen ist. Die unseriösen Anbieter zeichnen sich dadurch aus, dass sie zu nah an die Tiere heranfahren oder den Tieren sogar nachstellen. Damit dringen sie zu stark in ihren Lebensraum ein und verscheuchen die Tiere durch den Schiffslärm oder versetzen sie gar in Panik.

Insgesamt waren Mareikes Erwartungen zu hoch, vor allem für diese Jahreszeit. Das typische Bild der Schwanzflosse, das man oft in *Whale-Watching*-Werbeprospekten findet, sieht man draußen auf dem Meer eher selten. Denn ihre Schwanzflosse zeigen Wale nur, wenn sie tief abtauchen, weil sie sich bedroht fühlen oder Nahrung suchen.

Wale in Kanada

Vor den kanadischen Küsten bewegen sich bis zu 93 verschiedene Walarten. Hier ein paar Informationen zu einigen von ihnen:

Schwertwale: schwarz-weiße Riesen, die besonders gut vor der Küste von Victoria, British Columbia, beobachtet werden können. Durch ihre Schwertflosse auf dem Rücken sind sie gut erkennbar. Beeindruckend sind ihre großen Zähne und ihr mächtiges Auftreten – sie können bis zu neun Meter lang werden. Schwertwale sind Jäger, die besonders ausgeklügelte Tricks entwickelt haben und auch gerne im Rudel jagen: Gemeinsam sondern sie kleinere Wale von ihren Artgenossen ab und jagen sie bis zur Erschöpfung durchs Meer.

Orcas: am besten zu sehen von Juni bis August. Sie werden auch Killerwale genannt, gehören aber eigentlich zur Familie der Delfine. Sie ernähren sich von Fisch, Robben, Seelöwen, Delfinen und anderen kleineren Walarten. Manchmal trifft man sie in kleinen Gruppen von zwei oder drei Tieren an, gelegentlich aber auch in großen Gruppen von bis zu 60 Tieren.

Grauwale: sind am besten im März und April vor der Küste von British Columbia zu sehen. Sie haben lange Borsten am Maul, mit denen sie auf dem Meeresboden nach Essbarem suchen. Nur ca. 15 Minuten können sie unter Wasser bleiben, dann müssen sie zum Atmen auftauchen, wobei sie eine große Atemfontäne von sich geben.

Buckelwale: besonders gut zu sehen im Sommer im Norden von Vancouver Island. Sie zeichnen sich durch ihre Barten aus, die sie wie ein Sieb einsetzen, mit dem sie viele kleine Fische fangen, während das Meerwasser wieder herausgespült wird.

Finnwale: sehr schlanke und leichte Wale, aber dennoch die zweitgrößten der Erde. Sie schwimmen relativ schnell (bis zu 50 Stundenkilometer) und tauchen sehr tief. Ihre Nahrung besteht fast ausschließlich aus Krill, aber auch Schwarmfische nehmen sie zu sich. Man kann sie vor allem im Atlantik sehen.

Blauwale: die größten Wale und die größten Säugetiere der Erde. Blauwale reisen vor allem alleine und ernähren sich von Plankton. Im Sommer fressen sie etwa drei Tonnen Kleinkrebse am Tag, während sie im Winter von ihren Fettreserven leben. Man kann sie vor allem im Mündungsgebiet des Sankt-Lorenz-Stroms beobachten, aber auch vor den Küsten von British Columbia.

Minkwale: ganzjährig im Sankt-Lorenz-Strom in Québec zu sehen. Sie kommen Schiffen manchmal besonders nahe und bewegen sich oft allein oder in kleinen Gruppen voran.

Belugawale: aufgrund ihrer hellen Farbe auch Weißwale genannt. Sie sind sehr gesellige und soziale Tiere, die in Gruppen unterwegs sind und sich mit einem großen Repertoire akustischer Signale verständigen.

Was können Sie besser machen?

Auf jeden Fall sollte man darauf achten, einen verlässlichen Anbieter zu wählen. Diese kann man beim Tourismusbüro erfragen. Es lohnt sich immer, den Anbieter zuvor zu fragen, ob er respektvoll mit den Tieren umgeht, ihr Wohl in den

Vordergrund stellt und nicht das Interesse der Touristen, möglichst dicht an die Wale heranzufahren – selbst falls Anbieter sonst nicht den Tierschutz als Priorität haben, werden sie sich vielleicht bei dieser Tour zurückhalten, weil Sie nachgefragt haben. Auf dem Boot selbst sollten laute Geräusche vermieden werden, da Wale ein sehr feines Gehör haben.

Wer es etwas naturnäher und abenteuerlicher mag, der kann statt eines großen Dampfers ein Zodiac wählen. Das sind kleine Schlauchboote, auf denen bis zu zwölf Personen Platz haben. Zuvor zieht man einen Schutzanzug an, in dem man wie ein Marsmännchen aussieht. Dieser ist aber sehr sinnvoll, sowohl für die eigene Sicherheit als auch für die Gesundheit, falls man bei einem Unfall ins kalte Wasser fallen sollte. Wegen der kühlen Temperaturen draußen auf dem Meer empfiehlt es sich in jedem Fall, egal mit welchem Boot man fährt, Extrakleidung mitzunehmen.

Die kleinen Boote haben den Vorteil, dass man die Wale durch den kleineren Motor weniger stört, näher an der Wasseroberfläche ist und die Tier so aus nächster Nähe erleben kann (wobei auch diese Boote nicht zu nah an die Tiere heranfahren dürfen). Der Nachteil ist, dass man nicht wie von den großen Booten den Blick von oben auf die Wale hat.

Da die Wale meistens weiter entfernt bleiben, ist es nicht verkehrt, ein Fernglas mitzunehmen oder eine Kamera mit einem starken Objektiv. Die eigenen Erwartungen sollte man aber gleich von vornherein drosseln, denn Schwanzflossen oder springende Wale sieht man wie gesagt sehr selten. Dennoch ist es ein beeindruckendes Erlebnis, wenn die mächtigen Körper der riesigen Tiere am Boot vorbeiziehen. Minutenlang tauchen sie dann wieder dicht unter die Meeresoberfläche ab, bis sie ausatmen und dabei eine bis zu zehn Meter hohe Fontäne hoch in die Luft spritzen. Es kann jedoch auch vorkommen, dass man gar keinen Wal sieht, sondern lediglich einige Seerobben. Wer nicht gerne auf dem Wasser ist, kann alternativ einen der vielen Aussichtspunkte an Land besuchen, von denen aus man mit etwas Glück ebenfalls Wale beobachten kann.

24 *Where is the Wild Wild West?*

Unfreiwilliges Campen und bärenstarke Besucher

So klare Luft hat Mareike in Deutschland selten eingeatmet! Sie steht auf einem kleinen Felsvorsprung und blickt in den Wald um sich herum. Ihre Eltern und sie haben sich einen Jeep gemietet und sind in Richtung Coast Mountains aufgebrochen. Die Berge werden immer höher und die Landschaft immer beeindruckender. Auf einem kleinen Parkplatz mitten in der Einöde haben sie hinter einem großen Wohnmobil geparkt und sehen sich um. Bald müssen sie einen Platz zum Übernachten finden. Ihr Vater ist ganz heiß darauf, im Freien zu schlafen. Mareike und ihre Mutter haben ihn davon zu überzeugen versucht, dass es doch wesentlich bequemer und der Jahreszeit angemessener sei, eine kleine Herberge zu suchen, aber er ließ sich nicht von seiner fixen Idee abbringen. Also haben sie sich in einem Outdoor-Laden ein Zelt und dicke Schlafsäcke geliehen, allen ungläubigen Blicken des Verkäufers zum Trotz.

Plötzlich öffnet sich die Tür des Wohnmobils und ein großer Mann mit hochgekrempelten Hemdsärmeln stapft aus dem Wagen direkt auf Mareike zu – mit einem Baseballschläger in der Hand! Mareike sieht sich suchend um, aber ihre Eltern sind zu sehr in die Landkarte vertieft, um den unheimlichen Hünen zu bemerken. Er geht schnurstracks auf sie zu, den Baseballschläger bedrohlich schwingend.

»Brauchen Sie Hilfe?«

»Nein, nein, nein!«, antwortet Mareike mit schriller Stimme.

Doch da strahlt der Mann sie mit einem Lächeln an, das Eisberge zum Schmelzen brächte.

»Sie sollten aufpassen. An unserem Wohnmobil hat sich vor einer knappen halben Stunde ein Braunbär zu schaffen gemacht. Sagen Sie gerne Bescheid, falls Sie doch Unterstützung brauchen.«

Er nickt Mareike noch einmal wohlwollend zu und stapft zurück in seinen Wagen. Puh. Für eine Sekunde dachte Mareike wirklich, ihr letztes Stündlein hätte geschlagen. Dabei wollte der Mann nur helfen.

Mareikes Eltern beschließen, noch ein Stück weiter zu fahren. Eine halbe Stunde später sind die drei noch tiefer im Wald und es beginnt langsam zu dämmern.

»Lass uns umdrehen, Papa, und im Reiseführer nach einem Hotel in der Nähe suchen.«

»Um Himmels willen! Hast du denn gar keinen Sinn für Abenteuer? Das ist Kanada! Das ist die Wildnis! Das muss man doch wenigstens einmal gemacht haben!«

Er ist ganz euphorisch, steuert auf einen kleinen Waldweg zu und fährt bis zu einer Lichtung.

»Der perfekte Platz für heute Nacht!«

Mareike und ihre Mutter sehen sich wenig begeistert an, fügen sich Hannes Abenteuerwünschen aber seufzend. Langsam wird es ungemütlich kalt – schließlich ist es Anfang November – und die drei beeilen sich, ihr Zelt aufzustellen und ein Feuer zu machen, was bei der klammen Luft gar nicht so einfach ist. Dass Väter aber auch immer ihren Willen durchsetzen müssen!

Die Ravioli, die sie sich auf dem Feuer warm machen, kühlen bei der Kälte sofort wieder ab. Nach dem Essen packt Hannes die Konservendosen und die Essensreste in eine Plastiktüte, knotet sie ordentlich zu und legt sie ans Fußende des

Zelts. Bibbernd mummeln sich alle in die Schlafsäcke und versuchen, trotz der Kälte einzuschlafen …

Mareike schreckt hoch. Sie hat keine Ahnung, wie viel Zeit vergangen ist, aber ihr Vater schnarcht beachtlich, was auf einen tiefen Schlaf hinweist. Moment mal – bewegt sich da draußen nicht etwas? Angespannt hält Mareike den Atem an und versucht, genauer hinzuhören. Da ist es wieder! Ein leises Knacken. Da, schon wieder! Und jetzt noch näher. Ein Geräusch, als wenn etwas am Zelt schnüffeln würde. Unten am Fußende.

Oh Gott. Hat der Mann mit dem Baseballschläger nicht etwas von Braunbären erzählt? Hätte sie doch nur ihren Vater von dieser Schnapsidee abgebracht! Jetzt werden sie alle von einem Bären gefressen! Sie sieht schon die Schlagzeile in der BILD-Zeitung: »Deutsche Familie in kanadischer Wildnis von Bären verschlungen«.

Jetzt ist das Geräusch wieder weg. Hat sie sich etwa getäuscht? Angestrengt horcht sie in die Dunkelheit, aber alles ist still. Irgendwann fallen ihr die Augen doch noch einmal für ein paar Stunden zu, bis am Morgen die Sonne aufgeht.

Als Mareike aufwacht, räumen ihre Eltern draußen schon wieder alles ins Auto – es ist einfach zu kalt, um hier zu frühstücken.

»Heute Nacht ist ein Bär um unser Zelt geschlichen!«, platzt es aus Mareike heraus.

»Was? Ach Quatsch, das glaube ich nicht«, antwortet Hannes unbeeindruckt.

Brigitte sieht da schon etwas besorgter aus.

»Wenn ich es euch doch sage! Ich bin mir ganz sicher!«

»Nein, Bären greifen keine Menschen an, wenn man sie nicht zufällig mit ihren Jungen erwischt oder sonst irgendwie stört.«

Beleidigt rollt Mareike ihren Schlafsack zusammen und schaut sich ängstlich um, ob hinter dem nächsten Baum nicht doch ein Bär lauert. Sie weiß doch, was sie gehört hat!

Was ist diesmal schiefgelaufen?

Zunächst einmal ist es eine ziemlich verrückte Idee, im November zu zelten. Die durchschnittliche Höchsttemperatur in Vancouver beträgt Anfang November ca. neun Grad Celsius, in den Bergen kann es durchaus noch um einiges kälter sein. Wenn man nicht vernünftig ausgerüstet ist, holt man sich bei solchen Temperaturen mit hoher Wahrscheinlichkeit einen Schnupfen oder Schlimmeres.

Zelten in der Wildnis sollte genau geplant werden. Neben der richtigen Ausrüstung sind einige Verhaltensregeln, an die man sich halten sollte, wichtig: Essen oder Abfalltüten herumliegen zu lassen oder gar wie Hannes mit ins Zelt zu nehmen, ist höchst unvorsichtig und riskant. Bären haben so gute Nasen, dass sie auch solche Leckerbissen riechen, die man in einer Plastiktüte oder Ähnlichem aufbewahrt. Und sie greifen durchaus auch an, wenn sie sich einem panischen Menschen gegenübersehen, den sie aus seinem Zelt gescheucht haben, nicht nur, um ihre Jungen zu schützen. Hier war Hannes sehr naiv und hat reichlich unüberlegt gehandelt.

Ohne jeden Plan loszufahren, ist möglich, aber für kanadaunerfahrene Touristen wie unsere drei Reisenden doch eher riskant. Kanada ist tatsächlich ein wildes, großes Land. Ganz ohne Plan kann man sich schnell in den unendlichen Wäldern verlieren oder eben keine Möglichkeit mehr zum Übernachten finden.

Die Kanadier sind durchweg hilfsbereite Leute. Sicher gibt es auch Ausnahmen, vor allem wenn jemand mit einem Baseballschläger vor einem steht. In der Regel wollen aber alle nur helfen und sind Fremden gegenüber sehr aufgeschlossen.

Was können Sie besser machen?

Zum Campen sollte man sich eine angenehmere Jahreszeit aussuchen, auch wenn der Drang in die Natur noch so groß ist. Im Winter gibt es dennoch eine Vielzahl an tollen Unterkunftsmöglichkeiten. Beispielsweise kann man sich eine Jurte mieten, ein traditionelles Zelt aus der Mongolei, das sich bei Touristen in Nordamerika großer Beliebtheit erfreut und auch im Winter warm hält. Ein ganz besonderes Erlebnis ist auch die Übernachtung in einem Iglu.

Das Einmaleins des Campens in Kanadas Wäldern

Einem Bären, Puma oder anderen wilden Tieren möchte man möglichst gar nicht erst in freier Wildbahn begegnen, zumindest nicht ohne sicheren Abstand. Darum sollte man einige Grundregeln beherzigen:

Lockende Düfte vermeiden, zum Beispiel Shampoo, das nach Früchten oder Ähnlichem riecht. Bären haben eine sehr empfindliche Nase.

Keinerlei Nahrung oder Essensabfälle mit ins Zelt nehmen, sondern immer in einer luftdicht abgeschlossenen Dose draußen verwahren. Proviant am besten mit einem Seil über einen Ast an einem Baum hochziehen. Auch Hygieneprodukte wie Zahnpasta am besten außerhalb des Zelts unterbringen.

Auf Wanderungen durch Bärengebiete hilft es, Krach zu machen, um die Tiere abzuschrecken. Hierfür kann man beispielsweise eine kleine Glocke an Rucksack oder Hose befestigen. Pfeifen und Singen sind ebenfalls effektiv.

Für den Notfall kann man sich mit Pfefferspray oder Leuchtraketen ausrüsten. Beides hilft, um Tiere in die Flucht zu schlagen. Man sollte bei der Anwendung jedoch sehr aufpassen, damit man sich selbst nicht verletzt.

Es empfiehlt sich, vor Reiseantritt zumindest eine grobe Route festgelegt zu haben und gute Ausrüstung mitzunehmen. Vorbereitung ist das A und O, und dazu gehört auch, sich über wilde Tiere und geografische sowie klimatische Eigenheiten der Zielregion zu informieren.

Was tun, wenn man einem Bären begegnet?

Den ultimativen Rat gibt es hier nicht, da die Meinungen der Experten sehr variieren. Einige allgemeine Regeln lassen sich aber dennoch angeben. Im Endeffekt hängt das richtige Verhalten jedoch immer von der Situation ab. Hoffen wir, dass Sie keinen Bären treffen!

Auf keinen Fall rennen, auf Bäume oder in Höhlen klettern. Der Bär wird schneller sein als Sie.

Kinder oder Hunde auf den Arm nehmen.

Pfefferspray zur Hand nehmen und im Notfall den Bären damit in die Flucht schlagen.

Ruhig und souverän sprechen, damit der Bär Sie als Mensch wahrnimmt.

Langsam rückwärts gehen und dem Bären nicht direkt in die Augen blicken.

Sich aus dem Blickfeld des Bären begeben und dann schnell in Sicherheit bringen.

Fährt man in einen offiziellen Nationalpark und nicht in einen privaten Wald, wird eine kleine Gebühr für den Eintritt fällig. Bei dieser Gelegenheit kann man sich mit Kartenmaterial und Informationen über touristische Angebote versorgen. Mit dem *National Pass Discovery Package* hat man ein Jahr lang Zutritt zu allen Nationalparks und allen historisch bedeutsamen Stätten. In jedem Park gelten wieder andere Regeln, sodass man sich zuvor unbedingt informieren sollte. In manchen Parks muss für die Nutzung der Wanderwege und der

Besuchereinrichtungen beim jeweiligen *Visitor Centre* ein *permit* erworben werden, der dann sichtbar im Auto platziert wird. Eine Schranke oder eine klare Barriere am Eingang der Parks gibt es nicht, aber man wird gebeten, an einem kleinen Häuschen anzuhalten und sich den *permit* zu besorgen. Kann man diesen bei einer Kontrolle nicht vorweisen, hat man ein Problem. Bei mehrtägigen Wanderungen muss manchmal die Parkverwaltung informiert werden, da die Zahl der Wanderer, die besonders geschützte Wanderwege pro Tag nutzen dürfen, begrenzt ist.

25 Wie geht Frisbee und was ist ein Kanadier?

Runde Scheiben und internationale Spieler

Irgendwo hier muss es sein. Etwas orientierungslos irrt Mareike durch den *Parc Lafontaine*. Endlich hat sie sich durchgerungen, zum Training der Frisbee-Mannschaft ihres Büros zu gehen. Die Kollegen treffen sich häufig in der Freizeit, da es ein junges Team ist, das sich sehr gut versteht. Allgemein ist die Trennung von Arbeit und Freizeit oft weniger ausgeprägt als in Deutschland und der Feierabend wird gerne einmal mit einem After-Work-Drink begossen. Bis jetzt war Mareike aber immer zu schüchtern, um zu einem der Treffen zu gehen. Aber seit sie aus dem Urlaub mit ihren Eltern zurück ist, hat sie kaum Freunde getroffen. Außerdem hat der Frisbee-Hype der Kollegen sie neugierig gemacht. Ein bisschen Frisbee-Werfen kann Mareike zwar auch, aber spielt man das nicht nur im Urlaub am Strand? Oder mit seinem Hund? Vermutlich ist das eine dieser sozialen Aktivitäten, bei denen es mehr darum geht, Kontakte zu knüpfen und einen Teamgeist zu entwickeln, als um den eigentlichen Sport. Etwas anderes kann sie sich kaum vorstellen. Häkeln ist schließlich auch keine olympische Disziplin.

Für Ende November ist es wieder ungewöhnlich mild geworden, aber dennoch herrscht nicht das typische Wetter, bei dem Spielen im Park den größten Spaß macht, die Sonne hält sich hinter vielen Schichten von Wolken verborgen. Mareike hofft, dass irgendwo eine Turnhalle versteckt ist, sonst könnte es ungemütlich kalt werden.

Sie ist so in Gedanken vertieft, dass sie die zwei Eichhörnchen gar nicht bemerkt, die einen der vielen üppigen Laubbäume herunterkraxeln und sich vor Mareike aufbauen.

»Ah! Was ist denn das?« Fast wäre sie über eines der Tiere gestolpert. Es hoppelt ein Stück davon, bleibt dann aber stehen und schaut Mareike erwartungsvoll an. Wow! Wie nah die Natur einem selbst in der Großstadt immer wieder ist! Jetzt nur keinen Mucks machen, um die zwei niedlichen Tierchen nicht zu verscheuchen. Irgendwie sehen sie anders aus als in Deutschland, ganz grau und außerdem ziemlich fett. Vorsichtig hockt Mareike sich hin und zerkrümelt einen kleinen Keks, den sie noch in ihrer Jackentasche hatte. Mit sanften Bewegungen wirft sie die Stückchen in Richtung der Hörnchen. Wahnsinn! Sie kommen tatsächlich noch etwas näher, futtern begeistert die Keksbrocken und klettern dann wieder den Baum hoch. Mareike wusste gar nicht, dass sie eine solche Wirkung auf Tiere hat – oder hat sie es hier mit ganz besonderen Eichhörnchen zu tun?

Da schwirrt in der Ferne eine Frisbeescheibe durch die Luft. Endlich. Sie dachte schon sie hätte sich im Park geirrt. Noch ganz benommen von ihrer Tiernaherfahrung, folgt sie den fröhlichen Rufen der Spieler. Auf einer Wiese weiter hinten im Park läuft eine Horde junger Menschen in bunten T-Shirts. Eine richtige Feldbegrenzung gibt es nicht. Und keine Turnhalle. Kein Wunder, dass alle so schnell rennen – bei der Kälte! Mareike bibbert jetzt schon.

»Hi Mareike! Great that you could make it!« – Hallo Mareike! Toll, dass du es geschafft hast!, wird sie fröhlich von ihrem Kollegen Phil begrüßt, der im Büro neben ihr sitzt.

»Du solltest öfter zu unseren Treffen kommen. Wenn du magst, nehme ich dich gerne auch mal mit zu einem Frisbee-Spiel der höheren Liga.«

»Sehr gerne!«

Mareike freut sich sehr über diese Einladung – auch wenn sie das Gefühl hat, dass Phil doch etwas übertreibt: die höhere Frisbee-Liga – was soll denn das sein?

»Hi Mareike! Schön dich zu sehen! Kommst du nach dem Spiel auch was mit trinken?«, fragt Ashley, mit der Mareike bisher eigentlich noch nicht so viel zu tun hatte.

Wie nett alle zu ihr sind! Mit Ashley tauscht sie dann auch gleich Telefonnummern aus und verabredet sich locker für das kommende Wochenende.

Erstaunlicherweise scheint es bei ihrem Frisbeespiel doch richtige Teams zu geben. Mareike wird der grünen Mannschaft zugeteilt und schlendert noch ganz entspannt aufs Feld. Aber von einem entspannten Spiel kann nicht die Rede sein. Um sie herum flitzen die Kollegen über den Rasen und – zack – hat sie das Frisbee in der Hand. Da sich alle Blicke nun auf sie richten und alle durcheinander rufen, beschließt Mareike, einfach loszurennen. Das passt doch eigentlich immer. Von wegen! Schon ertönt ein lauter Schrei und das Spiel ist abgepfiffen.

So richtig versteht sie die Spielregeln noch nicht. Da zieht Kimberley sie vom Spielfeld und raunt ihr zu, dass sie doch besser erst mal zuschauen solle. Es gehe heute um einiges für die Mannschaft, die darum kämpft, am Finale in Boston teilnehmen zu dürfen.

Frustriert setzt Mareike sich neben eine junge Kollegin mit asiatischen Zügen, die gebannt dem Spiel folgt. Etwas schüchtern nach ihrem Patzer im Spiel versucht sie, mit ihr ins Gespräch zu kommen.

»Hi, I'm Mareike from Germany. Where do you come from?«

»My name is Mara, I'm Canadian. How is Germany? Are you happy to be here?«

»Ja, es ist großartig hier! Deutschland ist okay, aber ich wollte immer schon nach Nordamerika. Darum freue ich mich sehr, hier zu sein.«

»Echt? Aber hier ist doch nichts Besonderes. Das ganze kulturelle und wirtschaftliche Leben ist in Europa doch so viel spannender! Die Mode, die Theaterszene, Eiffelturm, Vatikan und Big Ben, das Meer, die Berge … Ich würde so gerne mal nach Europa.«

Mareike wundert sich, dass Mara so allgemein von Europa spricht. Schließlich gibt es dort so viele Länder, die unterschiedlicher kaum sein könnten. So hat sie die Dinge noch nie gesehen. Und außerdem war für sie immer Amerika der Ort, von dem alle Trends kommen und wo spannende Dinge mit großer Wirkung für die Welt passieren: von *Starbucks* bis zur Wirtschaftskrise – fast alles schwappt von Amerika rüber. Mara scheint das genau andersherum zu sehen.

»Und wo kommst du ursprünglich her, Mara?«

Ihre asiatischen Gesichtszüge machen Mareike neugierig. Von irgendwoher mussten ihre Eltern doch eingewandert sein. Das scheint die junge Frau anders zu sehen. Ihr anfänglich noch ganz netter Gesichtsausdruck wird immer verschlossener. »Was meinst du? Ich bin hier geboren worden. Meine Mutter ebenfalls. Mein Vater ist in Korea geboren, lebt aber schon immer in Kanada.«

»Wie spannend! Und hast du deine Familie in Korea mal besucht?«

»Nein, ich war noch nie in Korea. Wie gesagt, ich bin Kanadierin. Meine Familie ist hier … Sag mal, was hältst du davon, wenn ich dir die Frisbee-Spielregeln erkläre? Du kennst dich noch gar nicht damit aus, oder?«

Etwas verdutzt über den flotten Themenwechsel willigt Mareike ein und lauscht Maras Ausführungen.

Was ist diesmal schiefgelaufen?

Mareike kennt *Ultimate Frisbee* nicht als Sport und ist mehr als erstaunt, als sie merkt, dass ihre Kollegen das Spiel sehr ernst nehmen, es Spielregeln und eine Liga gibt. Erfunden wurde es übrigens in den 1960er Jahren von US-amerikanischen Studenten – und 1983 wurde die erste Weltmeisterschaft ausgetragen.

Die Kollegin nach ihrer Herkunft zu fragen, ist ein typisch europäischer Fauxpas. Mareike sah die asiatischen Züge ihrer Kollegin und ging automatisch davon aus, dass sie asiatische Vorfahren und vielleicht sogar noch Familie in Asien hat. Dies mag sogar sein, ist aber nicht der springende Punkt. Was Mareike nicht verstanden hat, ist, dass Kanada ein Einwandererland ist. Jeder Kanadier hat Vorfahren auf anderen Kontinenten, auch wenn es bei manchen stärker ins Auge springen mag als bei anderen. Viele Familien sind jedoch schon seit Generationen im Land und sehen sich genauso als Kanadier wie Mareike sich als Deutsche sieht – auch wenn dieses Gefühl der Zugehörigkeit in Kanada etwas anders gelagert und vor allem komplexer ist als in den meisten europäischen Ländern.

Wer sind ›die Kanadier‹?

Pauschal gibt es auf diese Frage keine Antwort, da gerade die bunte Mischung aus Einwanderern für Kanada so typisch ist. Allgemein war die Immigration nach Kanada immer abhängig von den ökonomischen Umständen: Besonders viele Menschen wanderten Anfang des 20. Jahrhunderts und nach dem Zweiten Weltkrieg ein, als Kanada einen wirtschaftlichen Aufschwung erlebte. Lange Zeit waren die meisten Menschen in Kanada europäischer Abstammung. Seit den 1970er-Jahren nimmt jedoch der Anteil von Einwanderern aus dem Nahen Osten und aus asiatischen Ländern stark zu.

Die größte Gruppe bilden immer noch die Menschen, die britische oder französische Vorfahren haben. Etwa 15 Prozent haben einen anderen europäischen Hintergrund, nur noch zwei bis drei Prozent stammen von den Ureinwohnern des Landes ab und ein weiterer großer Teil hat einen gemischten Hintergrund.

Der Perspektivenwechsel, zu dem es bei Mareike durch Maras Sicht auf Europa kam, ist sehr typisch für die ersten Monate in einem fremden Umfeld. Tatsächlich ist für die Kanadier Europa immer noch das ›alte Land‹, aus dem ein Großteil ihrer Vorfahren kommt, in dem sich aber auch die gesamte westliche Kultur entwickelt hat. Aus kanadischer Sicht finden sich die neuesten Modetrends in Paris, die bekanntesten philosophischen Schulen kommen aus Deutschland und die besten Manieren haben die Briten. Da die Kanadier an große Entfernungen gewöhnt sind, kommt ihnen in Europa alles nah vor. Deshalb werfen sie gerne alles in einen Topf und besuchen bei Europa-Reisen auch tatsächlich so viel wie möglich. Dies gilt allerdings andersherum für die europäische Jugend oft genauso. Viele deutsche Teenager, aber auch Erwachsene sprechen von ›Amerika‹, ohne große Unterschiede zu machen, und schreiben ›dem Amerika‹ zu, die innovativsten technologischen Errungenschaften hervorzubringen, Mode- und Musiktrends zu setzen und trotzdem ›ursprünglich‹ zu sein. Jede Seite schaut also mit großen Augen, vielen Träumen und allerlei Stereotypen im Kopf zum anderen Kontinent hinüber.

Die sehr freundlichen Reaktionen ihrer Kollegen lassen Mareike gleich annehmen, dass sie lauter neue beste Freunde gefunden hat. So wie es das Klischee vom eher verschlossenen, aber dafür sehr direkten und aufrichtigen Deutschen gibt, empfinden wir die Nordamerikaner generell schnell als überfreundlich und begeistert. Hier muss man sich erst daran gewöhnen, dass die Begrüßung sehr überschwänglich verläuft, die erste Kontaktaufnahme einfacher ist und schneller Telefonnummern ausgetauscht oder Einladungen ausgesprochen werden. Dies ist allerdings nicht immer wörtlich zu nehmen, sondern Teil des Kennenlernens und vor allem der Höflichkeit geschuldet.

Ebenso wenig war die Annäherung der Eichhörnchen Zeichen großer Zuneigung. Auch ist Mareike keine Eichhörnchen-Flüsterin. Verhalten sich diese Tiere in Deutschland eher scheu und sind vor allem auf den Bäumen zu beobachten, sind die *squirrels*, wie sie im englischsprachigen Nordamerika heißen, gerade in den Großstädten sehr an Menschen gewöhnt und daran, gefüttert zu werden oder sich von Müll zu ernähren. Optisch unterscheiden sie sich nicht großartig von unseren heimischen Rassen. Lediglich wesentlich dicker und größer können sie sein. In den Parks der Großstädte findet man sie in rauen Mengen.

Was können Sie besser machen?

Vorher nach den Spielregeln von Frisbee zu fragen, ist eine sehr gute Idee. Oder man schaut zunächst zu, um das Spiel zu begreifen. Und das ist nicht uninteressant, vor allem wenn das Team so gut ist wie hier.

Frisbee ist kein Kinderspiel

Es spielen zwei Mannschaften mit je sieben Spielern gegeneinander. Die Frisbeescheibe wird von Spieler zu Spieler geworfen, wobei man stehen bleiben muss, sobald man die Scheibe in der Hand hat. Ansonsten ist das Spiel aber sehr laufintensiv. Ziel ist es, die Scheibe zu einem Mitspieler in die gegnerische

Endzone zu werfen, wofür die Mannschaft des Fängers einen Punkt erhält. Damit dies gelingt, versucht die angreifende Mannschaft, die im Besitz der Scheibe ist, sich Freiräume zu erlaufen. Die gegnerische Mannschaft versucht, durch Decken und Blocken in den Besitz der Scheibe zu kommen. Es gibt verschiedene Spielelemente aus dem American Football und dem Basketball. Körperkontakt ist jedoch immer ein Foul. Einen Schiedsrichter gibt es meistens nicht, da alle Entscheidungen von den Spielern auf dem Feld getroffen werden – auch in der Profiliga.

Man sollte Kanadier nie so direkt wie Mareike nach ihrer sogenannten Herkunft fragen, vor allem wenn man sie nicht gut kennt. Das kann schnell falsch verstanden werden. Gespräche über den multikulturellen Hintergrund sind ein besserer Rahmen dafür, das Thema anzusprechen, denn auf die Vielfalt der kulturellen Einflüsse sind alle Kanadier sehr stolz.

Überschwängliche Begrüßungen und Einladungen kann man einfach genießen und sich über die positive Stimmung freuen. Es wäre jedoch ein Fehler, jedes Wort für bare Münze zu nehmen und sich zu ärgern, wenn doch keine Verabredung gleich für das nächste Wochenende zustande kommt. Locker in Kontakt zu bleiben und die Dinge nicht zu verkrampft zu sehen, ist hier angesagt.

Es ist übrigens ratsam, die *squirrels* nicht zu füttern oder anzulocken. Tierschützer sehen dies nicht gerne, da die Tiere sich eigentlich selbst versorgen sollten. Zudem können sie Krankheiten übertragen. Angst muss man aber auch keine haben vor den possierlichen Tierchen. Sie können auf der Suche nach Nahrung teils recht aufdringlich werden, sind aber normalerweise keineswegs aggressiv oder gefährlich.

26 Wie funktioniert die kanadische Haushaltsführung?

Offene Türen und öffentliche Verkehrsmittel

Der Wind schlägt Mareike ins Gesicht. Bunte Blätter wirbeln durch die Luft. Noch bis vor wenigen Tagen haben sie die vielen Ahornbäume geschmückt, die die Straßen säumen. Doch bei dem Sturm letzte Nacht konnten sie sich nicht mehr halten. Wo ist denn nur der blöde Haustürschlüssel? Erschöpft kramt Mareike in ihrer riesigen Handtasche. Sie steht auf dem Treppenabsatz vor dem ersten Stock ihres Wohnhauses. Inzwischen regnet es in Strömen und die Tropfen klatschen ihr ins Gesicht. Wenn sie nur endlich ihren Schlüssel finden würde. Endlich hat sie ihn zwischen ihren Unterlagen entdeckt und steckt ihn ins Türschloss. Doch die Tür ist offen. Schon wieder. Mareike ist bereits öfter aufgefallen, dass Guillaume es mit dem Abschließen der Tür nicht so genau nimmt. Na toll. Sie stapft das kleine Treppenhaus hoch zu ihrer Wohnungstür im zweiten Stock – die ebenfalls offen ist. Mensch, was soll denn das? Schließlich hat Mareike ihren Computer und Wertgegenstände in der Wohnung. Bei ihr zu Hause in Frankfurt wäre das nicht möglich.

Guillaume trifft sie in der Küche an. Er macht gerade den Abwasch. Dabei rennt er zwischendurch immer wieder zum Fernseher im Wohnzimmer, um zu schauen, ob das Hockeyspiel schon wieder angefangen hat, und lässt das Wasser im Waschbecken fröhlich laufen. Erstaunt verfolgt Mareike dieses Prozedere und schließt dann energisch den Wasserhahn. Was denkt er sich nur? Wasser kostet schließlich auch Geld. Ganz abgesehen davon, dass das einfach Verschwendung ist.

»Sag mal, bist du irgendwie gestresst?«, fragt Mareike in Guillaumes Marathon durch die Wohnung hinein.

»Ja, ich versuche gleichzeitig abzuwaschen und das Hockeyspiel zu verfolgen. Außerdem geht mein Bus nach New York in zwei Stunden und ich habe noch nicht gepackt.«

Stimmt ja! Mareike hat ganz vergessen, dass Guillaume für ein paar Tage nach New York fährt. Aber warum eigentlich mit dem Bus? Liegt New York nicht ganz schön weit von Montréal entfernt? Das muss ja ewig dauern.

»Warum nimmst du denn nicht den Zug oder das Flugzeug?«, ruft Mareike ins Wohnzimmer.

»Zu teuer! Und ich glaube nicht, dass ein Zug von Montréal nach New York fährt.«

Warum sollte da kein Zug fahren? Na ja, nicht ihr Problem.

»Was machst du eigentlich in New York?«

»Ich schaue mir eine kanadische Curling-Mannschaft an, die dort spielt.«

Heißt *»curly«* nicht lockig? Was auch immer *Curling* ist, es ist Mareike gerade egal, weil sie neben der Küchenzeile einen riesigen Müllberg entdeckt, den Guillaume schon ewig rausbringen wollte. Eigentlich ist die Verabredung, dass Guillaume sich um den Müll kümmert und Mareike dafür den Balkon in Schuss hält. Aber jetzt ist es ihr zu blöd. Sie hat keine Ahnung, was für ein System Guillaume bei der Mülltrennung entwickelt hat. Also packt sie einfach alles in einen der grünen Säcke, die daneben liegen. Sie hat gesehen, dass die regelmäßig auf der Straße stehen. Dann schnappt sie sich den Müllsack und stellt ihn vor die Haustür.

Als Guillaume vom Fernseher zurückkommt, schaut er sie verdutzt an.

»Wo ist der Müll? Es ist doch noch gar kein Mülltag!«

»Den habe ich schon rausgestellt. Ist schon in Ordnung.«

»Was? Den müssen wir schnell wieder raufholen. Sonst gibt es Ärger.«

Und damit lässt er die erstaunte Mareike stehen und rennt das Treppenhaus runter.

Müde von ihrem langen Arbeitstag lässt sie sich in den Sessel vorm Fernseher fallen und zappt durch die Sender. Sie dämmert vor sich hin, als ihr auffällt, dass alle Moderatoren im Fernsehen eine rote Blume an ihre Kleidung geheftet haben. Ist das etwa eine Verschwörung? Ob Nachrichtenmoderator oder Wetterfee – überall findet man die rote Blume im Bild! Mareike reibt sich die Augen. Das kann doch gar nicht sein! Als Guillaume zurück in die Wohnung kommt, ruft Mareike: »Guillaume, komm schnell her! Entweder ich bin verrückt oder alle Fernsehmoderatoren haben sich verschworen. Sie tragen alle eine rote Blume am Jackett!«

Guillaume schaut sie ernst an und zeigt ihr seine rote Blume am T-Shirt.

»Wir sind alle Teil einer Geheimsekte«, flüstert er mit versteinerter Miene und kommt langsam auf sie zu, »und jetzt, da du es rausgefunden hast, müssen wir dich beseitigen …«

Mareike stockt der Atem.

Was ist diesmal schiefgelaufen?

In Kanada ist es durchaus üblich, ab und zu die Haustür unverschlossen zu lassen, zumindest tagsüber und wenn man im Haus ist. In Mehrfamilienhäusern gibt es eine Tür zum Gebäude und eine zur Wohnung. Manchmal sind beide unverschlossen und von außen zu öffnen, meistens aber nur die Tür zum Gebäude. Guillaume ist zudem so sorglos mit dem Wasser umgegangen, weil es in Kanada tatsächlich nichts kostet! Auch die Einstellung zum Energieverbrauch ist eine andere, da auch Elektrizität günstiger ist als bei uns.

Kanada – ein Land der Bodenschätze

Nach Saudi-Arabien besitzt Kanada die zweitgrößten Erdölreserven der Welt und ist reich an Erdgas. 2010 wurden 163 Tonnen Erdöl gefördert. Das Zentrum der Erdölindustrie ist die Provinz Alberta. Mit den steigenden Ölpreisen ist der aufwendige Abbau des Öls extrem lukrativ geworden. Man schätzt, dass es alleine in Alberta 27 Milliarden Tonnen Ölreserven gibt. Ein Großteil des Strombedarfs von Kanada selbst wird jedoch durch natürliche Wasserkraft gedeckt. Wasser gibt es nämlich in rauen Mengen. Außerdem ist Kanada eines der größten Förderländer von Metallen und Erzen wie Gold, Kupfer, Nickel, Mineralien, Uran und sogar Diamanten. Und neben unendlich vielen Wäldern, die einen immensen Holzvorrat garantieren, ist Kanada auch einer der größten Getreideexporteure weltweit.

Mülltrennung wird in Kanada überall unterschiedlich gehandhabt. In Montréal wird alles, was recycelbar ist, in grüne Tüten gesteckt und zweimal pro Woche zum Abholen auf den Bürgersteig gestellt. Alles Restliche verschwindet in transparenten Müllsäcken. Lässt man seine Müllsäcke zu lange auf der Straße liegen oder sammelt man kaputte Müllsäcke nicht auf, kann dies Geldstrafen von bis zu 500 Dollar zur Folge haben.

Guillaume hat übrigens unrecht: Es gibt eine Zugverbindung von Montréal nach New York. An seiner Unwissenheit merkt man aber, dass die Kanadier kaum mit dem Zug fahren. Die meisten haben ein Auto. Und was in Deutschland die *Deutsche Bahn* ist, ist in Kanada der Busverkehr, denn das Gleisnetz ist in diesem großen Land längst nicht so gut ausgebaut wie bei uns. Möchte man von einer Stadt in die andere und hat kein Auto zur Verfügung, nimmt man üblicherweise den Bus.

Curling ist hingegen weder ein Friseurwettbewerb noch ein Ort, wo man Menschen mit lockigen Haaren antrifft. Es ist eine Sportart, die in Kanada fast genauso beliebt ist wie Eishockey. Beim *Curling* versuchen zwei Mannschaften, ihren Curlingstein so nah wie möglich an den Mittelpunkt eines Zielkreises auf einer Eisbahn zu bringen. Dabei wird die Eisoberfläche vor dem Stein während des Spiels mit dem Besen der jeweiligen Mannschaft bearbeitet, damit der Stein schneller und weiter rutscht. *Curling*-Mannschaften gibt es übrigens auch in Deutschland.

Und nein – die Kanadier haben sich nicht in einer Rote-Blumen-Sekte verschworen. Guillaume hat Mareike auf den Arm genommen. Am 11. November ist in Kanada *Remembrance Day*. An diesem Tag wird der gefallenen Soldaten jener Kriege gedacht, an denen Kanada beteiligt war, vor allem des Ersten und Zweiten Weltkriegs. Aus Solidarität trägt man im ganzen Land eine Stoff-Mohnblume.

Was können Sie besser machen?

Die Haustür sollte man im Zweifelsfall besser abschließen, vor allem nachts und selbstverständlich, wenn man nicht da ist. Am besten man fragt die Nachbarn, wie es um die Sicherheit im Viertel bestellt ist.

Dem Umweltbewusstsein zuliebe sollte man Wasser und Energie sparen, in Kanada ebenso wie in Deutschland. Selbst wenn Wasser umsonst und Kanada ein Land vieler Ressourcen ist, sollte man sich gar nicht erst angewöhnen, so verschwenderisch zu sein.

Das Reisen mit der Bahn ist eigentlich nur für Touristen interessant. Hat man viel Zeit, bietet sich eine Route vom Westen in den Osten oder von den USA nach Kanada an. Auf den Strecken Vancouver–Toronto und New York–Toronto oder New York–Montréal gibt es sogar luxuriös ausgestattete Fernreisezüge von *VIA Rail* (Kanada) und *Amtrak* (USA). Der wohl beeindruckendste Zug ist der *Silver & Blue Train* aus den 1950er-Jahren. In Europa kann man vor Reiseantritt auch günstige Rundreisepässe kaufen, mit denen man 15 oder 30 Tage in Kanada unbegrenzt Bahn fahren kann.

Generell ist Bahnfahren in Kanada aber relativ teuer. Daher bieten sich Busse eher an. Die Busse sind gut ausgestattet und haben oft Fernsehen und Internet an Bord. Auch hier gibt es Rundreisepässe, die ebenfalls zum Teil nur im Ausland erhältlich sind. Das größte Busunternehmen ist *Greyhound Buslines of Canada*, aber in jeder Provinz gibt es viele weitere Unternehmen.

Manchmal wundern sich Touristen über die große Anteilnahme der Kanadier am Volkstrauertag. Die Anzahl der kanadischen Soldaten im Zweiten Weltkrieg war natürlich längst nicht so hoch wie die jener aus den USA. In Proportion zur Einwohnerzahl sind die 45.000 gefallenen Soldaten aber nicht zu unterschätzen. Besonders in den Niederlanden ist man sich der Beteiligung der kanadischen Armee sehr bewusst: Die Kanadier haben unter großen Verlusten wesentlich zur Befreiung der Niederlande beigetragen, wofür diese ihnen noch heute dankbar sind.

27 Warum sind die *Québécois* keine Franzosen?

Das freie Québec und dumme Blondinen

Winterreifen sind eine nützliche Erfindung. Vor allem wenn man beschließt, genau am Wochenende des Wintereinbruchs in die kanadische Einöde aufzubrechen. Mareikes Freundin Franziska ist für ein paar Tage aus Deutschland zu Besuch gekommen, und sie will unbedingt in die kanadische Natur. Natürlich hat sich Mareike informiert und von Kimberley erfahren, dass eine der schönsten Regionen in Québec die Gaspésie-Halbinsel ist. Zwar hat die etwas irritiert gewirkt, als Mareike verkündete, sie werde am Wochenende ihrem Tipp folgen, aber dabei dachte sich Mareike zu dem Zeitpunkt noch nicht so viel. Jetzt schlittern Mareike und Franziska über die Straßen Québecs – und zwar ohne Winterreifen. Je weiter sie in Richtung Gaspésie vordringen, desto kälter scheint es zu werden. Plötzlich beginnt es auch noch, wie wild zu schneien.

»Das dauert bestimmt nicht lange«, versucht Mareike sie beide aufzumuntern.

Richtig viel ist allerdings nicht mehr zu sehen. Es wird zunehmend schwieriger, das Auto zu kontrollieren, da die Straße immer glatter wird.

»Mareike, das hat keinen Sinn. Lass uns da vorne anhalten. Da ist ein kleines Restaurant.«

Franziska wird das Ganze zu unheimlich. Mareike lenkt ein und hält an der Raststätte. »*Casse-croûte*« steht da und ein altes Pommesschild weht im Wind. Heißt *»casser«* nicht brechen? Mal sehen, was sie dort erwartet.

Drinnen steht eine freundlich aussehende ältere Dame am Tresen und serviert einem ebenfalls älteren Herrn Filterkaffee aus einer Glaskanne. Als sie die beiden Mädchen anspricht, versteht Mareike zunächst kein Wort.

»Ton char va mal dans'neige.« – Dein Auto eignet sich nicht gut für den Schnee.

Dabei zeigt sie auf Mareikes Mietwagen und zugleich auf die Schneemassen vor der Tür. Langsam dämmert es Mareike, dass die Frau findet, dass sie nicht wirklich gut für dieses Wetter ausgerüstet sind. Sie versucht es mit Selbstironie und schiebt ihre schlechte Vorbereitung auf ihre Haarfarbe:

»Ah, c'est parce que je suis blonde.« – Ah, das ist, weil ich blond bin!

Die Frau scheint ihre gebrochene Aussprache nicht verstanden zu haben und schaut sie verdutzt an.

»C'est ta blonde ça?« – Ist das deine Freundin?

Jetzt weiß Mareike nicht, was sie meint.

Sie hat sich zwar schon etwas an das Französisch in Montréal gewöhnt, auch wenn sie immer noch Englisch mit allen spricht. Aber die Bedienung hier versteht sie nur schwer. Nach einigem Hin und Her fragt die Frau sie, ob sie einen Kaffee möchten.

»Ou un liqueur?«

Einen Likör? Mitten am Tag? Was für ein seltsamer Vorschlag. Mareike schaut ratlos, und da schenkt die Dame ihnen einfach auch einen Becher Kaffee ein. Auf dem Becher steht *»Vive le Québec libre«*. »Es lebe das freie Québec«? Warum ist es denn nicht frei? Da sie im Moment ohnehin nicht weiterfahren können, beschließt Mareike, die Bedienung danach zu fragen.

»Oooh, das ist ein schwieriges Thema, mein Kind.«

Mit viel Mühe kann Mareike dem Französisch der Dame folgen.

»Wir waren schließlich die Ersten auf diesem Land. Und heute werden wir von den Anglophonen verdrängt. Ein Unding ist das! Da fühlt man sich ja als Fremder im eigenen Land. Wenigstens schützt uns die *Loi 101* ein wenig.«

»Aber ist die Nähe zu den USA nicht auch vorteilhaft? Kulturell sind Sie sich ja doch sehr nah.«

Oje, das hätte sie nicht sagen sollen. Die Miene der Dame verfinstert sich.

»Wir sind keine Amerikaner! Wir sind *Québécois*! Wir brauchen den Rest Kanadas und erst recht die USA nicht. Hätten wir 1980 das Referendum gewonnen, wäre heute alles besser. Québec wird vollkommen untergebuttert von den Anglophonen. Wir verlieren unsere Identität und werden nicht ernst genommen. Das Beste wäre, wir würden noch mal abstimmen.«

Mareike ist baff. Wenn sie die Frau richtig verstanden hat, will sie, dass Québec nicht mehr zu Kanada gehört? Aber warum nur? Das hätte doch verheerende Auswirkungen auf die finanzielle und wirtschaftliche Situation Québecs.

Franziska, die der Diskussion bisher schweigend gefolgt ist, versucht die Situation zu retten: »Nein, Sie sind ja kulturell den Franzosen auch viel näher. Schließlich ist es noch nicht so lange her, dass Québec eine Kolonie Frankreichs war.«

Ach herrje, jetzt verfinstert sich die Miene der Dame nur noch mehr. Ohne noch ein Wort zu verlieren, dreht sie sich um und wendet sich anderen Gästen zu.

Die Geburt Québecs

Der erste Europäer, der das Inland von Québec erkundete, war der Franzose Jacques Cartier im Jahr 1534. Nach und nach entstanden Handelsposten entlang des Sankt-Lorenz-Stroms, und 1608 gründete Samuel de Champlain die Stadt Québec, die zur Hauptstadt der Kolonie Neufrankreich wurde. Unter Ludwig XIV. wuchs die französische Kolonie und ein reger Pelzhandel entstand. In der Zwischenzeit gewann Großbritannien im restlichen Nordamerika zunehmend an Bedeutung und bedrängte die Franzosen, um sie schließlich 1759 in der Schlacht auf der Abraham-Ebene zu besiegen. Neufrankreich fiel damit an Großbritannien.

Was ist diesmal schiefgelaufen?

Mareike hätte besser bei ihrer Kollegin nachhaken sollen, warum sie nicht genau an diesem Wochenende losfahren solle. Meistens werden nämlich Schneestürme recht präzise vorhergesagt und man kann sich so gut darauf einstellen. Eine Autotour im November oder Dezember, im Winter allgemein, kann in Kanada schnell gefährlich werden, wenn man nicht richtig ausgestattet ist – eh man sich's versieht, hängt man in einem Schneesturm fest.

Die Gaspésie ist wunderschön und auch im Winter ein aufregender Ort. Neben einer Fahrt mit Schlittenhunden findet man hier allerlei andere wintersportliche Möglichkeiten, sich auszutoben: Skifahren, Langlauf, Schneewanderungen oder Eisfischen. Hochsaison ist jedoch eher im Sommer, wenn man das Meer genießen kann.

Vor allem aber ist die Gaspésie nicht gerade um die Ecke: Von Montréal sind es rund 800 Kilometer. Die Gaspé-Halbinsel ist sehr bergig und die Bewohner leben nur entlang des schmalen Küstenstreifens. Rund um die Halbinsel führt die

800 Kilometer lange *Route 132*, quer über die Insel geht nur eine einzige Straße, die *Route 299*.

»*Casse-croûte*« ist die Bezeichnung für einen der kleinen Imbisse, von denen man in Québec sehr viele findet. In der Regel wird dort Fast Food angeboten. Sehr empfindlich reagieren manche Bewohner Québecs auf das Thema Kolonialismus. Sowohl die Briten als auch die Franzosen können ihnen gestohlen bleiben.

Das Verhältnis zwischen Anglophonen und Frankophonen ist zudem oft ein wenig gespannt. Die *Québécois* sind umzingelt von einer einschüchternden Mehrheit englischsprachiger Nordamerikaner und fühlen sich schnell in ihrer Existenz bedroht.

Die Anglophonen hingegen empfinden die *Québécois* als abweisend und schwierig, weil diese in ihren Augen immer eine Extrawurst haben möchten, was wiederum mit dem historischen Hintergrund zusammenhängt. 1995 gab es das letzte Referendum, in dem über eine Unabhängigkeit Québecs abgestimmt wurde. Heute ist dies kein wichtiges Thema mehr, aber die Geschichte hat Québec den Stempel der unangepassten und widerspenstigen Provinz aufgedrückt.

Québec vs. Kanada

Das erste Referendum zur Frage, ob Québec die Unabhängigkeit von Kanada erlangen solle, fand am 20. Mai 1980 statt und wurde von der *Parti Québécois* (PQ, Partei von Québec) einberufen. Québec sollte seine eigenen Gesetze entwerfen, Steuern bestimmen und außenpolitische Beziehungen führen, mit Kanada aber noch die Währung gemeinsam und eine starke wirtschaftliche Partnerschaft haben. 40,44 Prozent der Québécois stimmten für den Weg in Richtung Souveränität, 59,56 Prozent dagegen. 15 Jahre lang konnte das Thema nicht mehr die Oberhand gewinnen.

Am 30. Oktober 1995 fand das zweite Referendum statt. Das Ergebnis war hier schon deutlich knapper als 1980. 50,58 Prozent der Bevölkerung stimmten dagegen und 49,42 Prozent dafür. Befürworter der Unabhängigkeit Québecs gab es vor allem auf dem Land und in der Provinzhauptstadt Québec. Montréal und die Gegenden an der südlichen Grenze der Provinz lehnten den Vorschlag ab. Bezeichnend ist, dass der Großteil der frankophonen Kanadier in Québec für die Souveränität stimmte. Vor allem die Ureinwohner und die anglophone Minderheit waren jedoch klar dagegen. Im Nachhinein gab es viele Vorwürfe, Stimmen wären gefälscht und die Abstimmung manipuliert worden. Man vermutete, dass die kanadische Regierung sich bemühte, Immigranten in Québec im Schnellverfahren die kanadische Staatsbürgerschaft auszustellen, da diese potenziell eher daran interessiert waren, Kanadier zu werden, als zu Québec zu gehören.

In der Gaspésie wird Französisch gesprochen, aber mit einem anderen Dialekt als in Montréal. An diesen muss man sich erst gewöhnen. Englisch sprechen hier die wenigsten, außer an sehr touristischen Orten. Mareike ist auch sogleich in einige sprachliche Fallen getappt.

Das kanadische Französisch weist neben Einflüssen des Englischen und der indigenen Sprachen auch eine interessante historische Komponente auf: Spätestens mit der Abtretung Neufrankreichs an die Briten verlor das Französisch seine Verbindung zu Frankreich. Neuerungen, die sich in den folgenden Jahrhunderten in Frankreich durchsetzten, gelangten nicht mehr bis in die Kolonie, sodass ein älterer Sprachstand bewahrt wurde. Daher gibt es noch einige Besonderheiten in der Sprache, die eher typisch für das europäische Französisch des 16. und 17. Jahrhunderts waren. Deshalb hat Mareike die Bedienung auch nicht verstanden, die von ihrem *char* sprach, womit ihr Auto gemeint war. Zu Missverständnissen führt auch schnell, dass man in Québec nicht etwa ein blondes Mädchen, sondern seine Freundin meint, wenn man von seiner *blonde* spricht – und dabei ist ganz egal, welche Haarfarbe sie hat!

Das kanadische Französisch

Hier nur einige Beispiele dafür, wie sehr sich manche Ausdrücke vom Französisch in Frankreich unterscheiden:

Québec	Frankreich	Deutschland
le char	*la voiture*	Auto
les liqueurs douces	*les boissons sans alcool*	antialkoholische Getränke
C'est fun.	*C'est drôle.*	Das ist lustig.
C'est cute.	*C'est jolie/mignon.*	Wie hübsch/ niedlich!
C'est plate.	*C'est ennuyeux.*	Das ist langweilig.
C'est une vraie poutine.	*C'est vraiment compliqué.*	Das ist ganz schön kompliziert.
A tantôt!	*A tout de suite!*	Bis gleich!
Pantoute!	*Pas du tout!*	Ganz und gar nicht!
magaziner	*faire du shopping*	einkaufen
le cellulaire	*le portable*	Handy
le stationnement	*le parking*	Parkplatz
la fin de semaine	*le weekend*	Wochenende
le centre d'achat	*le centre commercial*	Einkaufszentrum
le chien chaud	*le Hot Dog*	Hot Dog
la toune	*la chanson*	das Lied

Was können Sie besser machen?

Gerade im Winter sollte man sich vor einem *trip* auf jeden Fall über das Wetter informieren oder Freunde und Kollegen fragen, ob sie meinen, dass man sich gefahrlos auf die Straße begeben kann, und wann die beste Reisezeit für eine bestimmte Gegend ist. Dringt man in die Tiefen der Provinz Québec ein, ist es immer gut, einige Worte Französisch zu sprechen und so zu zeigen, dass man an der lokalen Kultur interessiert ist.

Mareike und Franziska haben eine besonders überzeugte *souverainiste* (Anhängerin der Idee der Souveränität Québecs) angetroffen, die das Thema der Unabhängigkeit Québecs sehr ernst nimmt. Dies ist aber nicht überall der Fall und im Großen und Ganzen heutzutage eher eine Ausnahme. Die Bewohner Québecs sind zudem in der Regel sehr herzlich und gastfreundlich. Dennoch ist es nicht selten, dass niemand Englisch spricht.

Das Gesetz 101

Mit dem Gesetz 101, der Charta der französischen Sprache, wurde Französisch 1974 zur alleinigen Amtssprache Québecs. Zuvor war Québec offiziell zweisprachig. Französisch wurde mit dem Gesetz 101 zur Regierungssprache Québecs, aber auch zur alltäglichen Sprache bei der Arbeit, im Handel, in den Schulen und so weiter. Ebenso sollen jedoch mit dem Gesetz die Rolle und die Einrichtungen der Minderheiten (*First Nations*, anglophone und andere Sprachgruppen) respektiert werden: Vor Gericht dürfen Personen auch auf Englisch angehört werden und Gesetze werden in beiden Sprachen veröffentlicht, zudem gilt das Gesetz nicht in Indianerreservaten. Über die Jahre haben sich viele Zusatzregelungen ergeben, zum Beispiel dass für kommerzielle Beschriftungen sowohl Englisch als auch Französisch verwendet werden darf, die französischen Texte aber deutlicher erkennbar sein müssen.

Das Gesetz 101 hatte schwerwiegende Veränderungen zur Folge. Viele Unternehmen, zum Beispiel die *Royal Bank of Canada* und die *Bank of Montreal*, verlegten ihren Hauptsitz nach Toronto, um weiterhin Englisch als Hauptgeschäftssprache zu erhalten.

28 Wenn kanadisches Weihnachten doch nicht wie im Fernsehen ist

Essensschlachten und Boxkämpfe

So ganz hat Mareike noch nicht verstanden, warum Guillaume und sie am 24. Dezember um sieben Uhr morgens aufstehen müssen. Freundlicherweise ist sie von seiner Familie eingeladen worden, Weihnachten mit ihnen zu feiern. Das ist Mareike mehr als recht. Nicht nur, weil sie gerne einmal kanadische Weihnachten erleben möchte, sondern auch, weil sie ihre Familie und Freunde gerade an Feiertagen doch sehr vermisst und sich sicherlich einsam fühlen würde. Nur diese unmöglich frühe Uhrzeit hätte nicht unbedingt sein müssen. Bei ihr zu Hause ist Weihnachten immer sehr entspannt. Erst geht man gegen 17 Uhr in die Kirche, dann gibt es Würstchen und Kartoffelsalat und anschließend Geschenke – ganz unkompliziert. Wozu also jetzt der Stress?

Als sie eine Stunde später in Joliette ankommen, einem kleinen Ort nördlich von Montréal, erwartet Guillaumes Mutter sie schon sehnsüchtig mit einem langen Einkaufszettel.

»Ein Glück, dass ihr da seid! Ihr könnt gleich weiter zum Supermarkt fahren und mir noch die letzten Zutaten für heute Abend besorgen!«

Okay – Würstchen und Kartoffelsalat wird es also nicht geben. Und tatsächlich sind die beiden den ganzen Tag beschäftigt. Erst machen sie den Großeinkauf und dann muss eine Tonne Kekse gebacken werden. Dabei herrscht im gesamten Haus ein geschäftiges Treiben und alle sind bester Laune, obwohl viel zu tun ist.

»Wann wird denn der Weihnachtsbaum aufgestellt?«, fragt Mareike, als sie gerade eine Ladung Brownies in den Backofen schiebt.

Bei ihr zu Hause wird der Baum eigentlich immer am Tag vor Heiligabend geholt, frisch aus dem Wald oder vom Bauern, und dann am 24. Dezember aufgestellt und geschmückt.

»Oh Schätzchen, der steht doch schon seit einigen Wochen im Wohnzimmer!«, ruft Guillaumes Mutter aus der Speisekammer.

»Aber vertrocknet der dann nicht?«, fragt Mareike erstaunt.

»Nein, der ist doch aus Plastik!«

Das kann jetzt nicht ihr Ernst sein! Die stellen doch nicht wirklich einen Plastikbaum auf? Mareike linst kurz ins Wohnzimmer. Tatsächlich! Da steht ein knallbunt geschmückter, hell leuchtender Plastikbaum! So was!

»Und wann gehen wir in die Kirche?«, fragt Mareike, jetzt schon etwas leiser, weil ihr langsam dämmert, dass hier nichts so ist wie bei ihr zu Hause.

»Kirche? Wir gehen nie in die Kirche.«

Das wird tatsächlich ein ganz anderes Fest für Mareike.

Nachdem den ganzen Tag gekocht wurde, steht abends als Ergebnis ein fulminantes Festessen auf dem Tisch. Mareike kommt sich etwas fehl am Platz vor, denn alle haben sich noch richtig schick angezogen, Guillaume und sein Vater tragen Hemd und Krawatte und seine Mutter und Schwester schöne Kleider. Nur Mareike hat daran nicht gedacht und kein so schönes Outfit dabei. Etwas verschämt setzt sie sich in ihrem dicken Wollpulli und den Jeans zu den anderen an den Tisch. Begeistert macht sich die Festgesellschaft ans Essen. Auch Mareike langt richtig zu und es ist wirklich lecker.

Wenigstens an eines hat sie gedacht: Aus den vielen amerikanischen Filmen, die sie geschaut hat, weiß sie, dass es in Nordamerika Geschenke erst am 25. Dezember morgens gibt. Umso erstaunter ist sie, als nach dem Essen alle gemütlich um den Baum herumsitzen und plötzlich kleine Geschenke verteilt werden. Oh nein – wie peinlich! Jetzt hat sie ihre noch oben im Zimmer liegen und außerdem noch nicht eingepackt! Es scheint aber keiner etwas von ihr zu erwarten und alle sind unglaublich nett zueinander.

Am nächsten Morgen steht Mareike extra um neun Uhr auf, weil sie glaubt, dass alle auf sie warten, um weitere Geschenke auszupacken. Pustekuchen! Es ist noch kein Mensch zu sehen. Und auch Geschenke stehen noch keine dort. Frustriert darüber, alles so falsch eingeschätzt zu haben, legt sie sich noch mal ins Bett. Eine Stunde später klopft es an ihrer Tür.

»Mareike, Santa war da!«, ruft Guillaume Mutter.

Schnell zieht Mareike sich etwas über, schnappt sich ihre mitgebrachten Geschenke, die sie nach dem gestrigen Fest noch flugs eingepackt hat, und tatsächlich: Jetzt hängt am Kamin für jeden eine riesige Socke, in der Geschenke stecken – und zwar noch einmal ganz andere, als sie gestern bekommen hat. Mareike bekommt Handschuhe, einen Gutschein für ein Modegeschäft und Süßigkeiten. Wie lieb!

»Den Gutschein kannst du gleich morgen einlösen, am *Boxing Day*!«

Was in aller Welt ist der Boxtag? Finden da Boxturniere statt? Aber bevor sie nachfragen kann, sind alle schon auf dem Weg in den Garten, um eine Schneeballschlacht zu machen.

Als Mareike am nächsten Morgen mit Guillaume im Wagen sitzt, weiß sie immer noch nicht, was der *Boxing Day* ist.

»Guillaume, wer boxt denn heute?«

Guillaume kriegt sich vor Lachen kaum wieder ein.

»Vor allem du! Um die schönsten Klamotten abzustauben!«

Was ist diesmal schiefgelaufen?

Prinzipiell läuft Weihnachten in jeder kanadischen Familie anders ab, abhängig davon, wie der kulturelle und lokale Hintergrund ist. Kanada ist als Einwandererland so divers und bunt, dass sich viele Traditionen vermischt haben. Früher unterschieden sich die Weihnachtsfeste noch eindeutiger zwischen anglophonen und frankophonen Kanadiern, die jeweils ihre ganz eigenen Traditionen mitbrachten.

Für die frankophonen Bewohner war der *réveillon* (Weihnachtsabend), also der 24. Dezember, der Höhepunkt. Tagelang bereitete man sich auf das Festessen vor. Man stellte einen Weihnachtsbaum auf (eigentlich eine deutsche Tradition!), unter dem man eine Krippe platzierte, und ging dann zur Christmette. Nach der Kirche aß man unter anderem die berühmte *tourtière*, eine Art Hackfleischkuchen. Den Abschluss des Menüs stellte ein Schokoladenkuchen dar, der sogenannte *Bûche de Noël.* Die Kinder öffneten ihre Geschenke am Weihnachtsabend, die größeren Geschenke wurden jedoch am Neujahrstag ausgepackt.

Der *yule log* ist übrigens ein besonders schönes Beispiel dafür, wie sich Traditionen über die ganze Welt verbreiten: In früheren Zeiten versammelten sich Familien an Weihnachten um den Feuerplatz, erzählten sich Geschichten und sangen, während ein riesiger Baumstamm im Feuer brannte. Dieses Holz wurde zuvor geschmückt, in einer kleinen Zeremonie angezündet und brannte dann die ganze Nacht. In Italien nannte man die Tradition *ceppo* und in England *yule log*. Das

Holzstück wurde den Feuerplätzen entsprechend immer kleiner und ist heute nur noch symbolisch in Form eines Schokoladenkuchens zu finden. Unter anderem in Québec als *Bûche de Noël*!

Im anglophonen Teil Kanadas war der 25. Dezember weitaus wichtiger und ist es zum Teil heute noch. Morgens wurden die Geschenke ausgepackt, dann ging man in die Kirche und nahm danach das Festmahl zu sich. Dieses bestand vor allem aus Gänse- oder Rinderbraten und *plum pudding*, einem Kloß aus Trockenobst, Gewürzen und Mehl. Eine der vielen Traditionen im anglophonen Raum ist der *kissing ball*, der oftmals den Weihnachtsbaum ersetzte: ein Ring aus grünen Zweigen, dekoriert mit Äpfeln und Nüssen, der im Hauseingang hing und unter dem man sich wie unter einem Mistelzweig küsste.

Mareike ist in eine Familie geraten, für die das Festmahl am 24. Dezember das Wichtigste ist. Dafür wurde schon eine Woche vorher mit den Vorbereitungen begonnen und die ganze Familie half mit. Die Übergabe der Geschenke läuft auch immer anders ab. Mareike lag gar nicht so falsch mit ihrer Vermutung, dass der 25. Dezember hier der Stichtag ist. Manchmal wird aber ein Teil auch schon am 24. Dezember verteilt und am nächsten Morgen gibt es nur noch Kleinigkeiten. Die Strümpfe im Wohnzimmer sind aber fast überall obligatorisch. Die Legende besagt, dass Santa Claus über Nacht die Geschenke durch den Schornstein bringt und sie in die bereithängenden Strümpfe füllt.

Ob man in die Kirche geht oder nicht, hängt stark vom religiösen Hintergrund der Familie ab. In allen Regionen Kanadas ist durch die verschiedenen Einwanderergruppen eine bunte Mischung an Religionen entstanden. Während der Rest Kanadas überwiegend anglikanisch ist, gibt es in Québec jedoch einen besonders hohen Anteil katholischer Christen, da die ersten Einwanderer in der Kolonie Neufrankreich ausschließlich katholische Franzosen waren. Noch heute ist Johannes der Täufer Schutzpatron der Provinz. Erst später wanderten auch vermehrt katholische Iren ein. Während der Stillen Revolution in den 1960er-Jahren, der *révolution tranquille*, fand ein tiefgreifender sozialer und wirtschaftlicher Wandel statt. Die katholische Kirche, die zuvor einen enormen Einfluss in allen Lebensbereichen, vor allem im Gesundheits- und Bildungswesen, hatte, wurde zurückgedrängt und dafür die staatliche Kontrolle stärker. Die Folge ist, dass sich immer weniger Menschen in den Kirchen finden, obwohl die Provinz Québec nach wie vor überwiegend katholisch ist.

Religionen in Kanada

Neben den französischen Katholiken kamen mit der Kolonialisierung auch viele anglikanische Engländer sowie protestantische Gruppen aus den verschiedensten europäischen Ländern nach Kanada. Bis heute ist der Süden von Nova Scotia überwiegend protestantisch. Nach Ontario kamen viele Protestanten aus den USA. Mit den Iren und Italienern nahm auch der Anteil der Methodisten stark zu. Im ganzen Land gibt es Minderheiten wie zum Beispiel die Mennoniten im Süden Manitobas, die ukrainischen Orthodoxen, die Katholiken in Saskatchewan und Manitoba sowie die Mormonen in Alberta.

Die Ureinwohner wurden überwiegend von den katholischen Missionaren heimgesucht. Heute gibt es aber auch noch einige indigene Glaubensgruppen. Innerhalb der letzten hundert Jahre kamen weitere religiöse Gruppen hinzu: Hindus, Muslime, Juden, Buddhisten und viele andere. Generell findet man diese eher in den Großstädten, vor allem aber in Toronto.

Der *Boxing Day* ist kein Tag, der Boxwettkämpfen oder Ähnlichem gewidmet ist. Damit ist der 26. Dezember gemeint, an dem in allen Geschäften in Nordamerika die Preise gehörig heruntergesetzt werden. Da die meisten an diesem Tag Urlaub haben und zu Weihnachten oft Gutscheine verschenkt werden, gibt es einen unglaublichen Ansturm auf die Einkaufszentren. Die Herkunft des Wortes ist umstritten, es wird aber vermutet, dass den Hausangestellten in früheren Zeiten an diesem Tag Geschenke in kleinen Schachteln *(boxes)* überreicht wurden. Eine andere Erklärung besagt, dass die Angestellten mit den Schachteln zu ihren Arbeitgebern gingen, um sich ihren Jahresbonus abzuholen.

Was können Sie besser machen?

Am besten fragt man vor dem Fest nach, wie in der jeweiligen Familie Weihnachten gefeiert wird, ob man etwas mitbringen oder sich besonders kleiden soll. Wie überall empfiehlt es sich, kleine Geschenke für die Gastgeber mitzubringen.

Auf jeden Fall sollte man genug Budget für den *Boxing Day* einplanen und Wintersachen erst kaufen, wenn sie heruntergesetzt sind. Früh loszugehen und eine gehörige Portion Motivation mitzubringen, lohnt sich ebenfalls, da die Geschäfte tatsächlich wahnsinnig voll sein können. Für die guten Angebote lohnt es sich jedoch, sich durchzuboxen.

29 Warum man Kälte nicht unterschätzen sollte

Apotheken im Supermarkt und Krankenhäuser überall

Himmel, ist das kalt! Mareike steht mitten in einem wunderschönen Wald und betrachtet besorgt ihre durchnässten ›Winterschuhe‹, die eher an Turnschuhe erinnern. Nicht gerade schneetauglich, aber andere besitzt sie einfach nicht. Guillaume hat sie zu einer Schneewanderung durch den Wald eingeladen. Und da der Himmel wieder einmal strahlend blau ist, hat Mareike sofort eingewilligt. Zu Hause ist sie extra noch auf den Balkon gegangen, um zu überlegen, was sie anziehen soll, und so kalt kam es ihr da gar nicht vor. Aber jetzt im Wald bereut sie es, nicht besser ausgerüstet zu sein. Vor ihr öffnet sich eine traumhafte Landschaft aus unberührtem Schnee. Er ist gerade erst gestern gefallen und glitzert wie tausend Diamanten. Allerdings ist er auch knietief, wie Mareike bei ihren ersten Schritten feststellt. Sie hat zwar eine Regenhose über ihre Jeans gezogen, aber so richtig warm ist es darunter nicht. Wie will Guillaume denn nur durch diese Schneemassen kommen? Mareike hatte sich einen gemütlichen Spaziergang auf ordentlichen Waldwegen vorgestellt.

»Guillaume, ich glaube, das wird nichts! Der Weg ist ja noch gar nicht geräumt!«

»Moment, ich komme sofort!«, sagt Guillaumes gedämpfte Stimme, da sein Kopf im Kofferraum steckt. Er holt vier sehr merkwürdige Gerätschaften hervor und hält sie Mareike entgegen. Wie kleine Skier sehen sie aus, aber viel breiter und mit Öffnungen in den Fußflächen. »Schnall dir die an die Füße. Damit kommen wir auch durch den höchsten Schnee.« Und tatsächlich. Nach einigen Anfangsschwierigkeiten kann Mareike damit wunderbar über die Schneeberge stapfen.

»Hatschi!«

Nur Mareikes Nase scheint die Kälte nicht zu mögen.

»Wo ist denn deine Mütze?«, fragt Guillaume besorgt.

»Ich hab keine mitgenommen, weil es heute Morgen so sonnig war. Ich dachte, es würde ganz warm.«

»Aber Mareike, es ist Januar und bitterkalt! Das ist echt gefährlich. Du kannst dir locker ein Ohrläppchen abfrieren.«

Haha, sehr witzig. Mareike stapft mutig voran. Nach einer Weile nehmen ihre Niesanfälle aber zu und sie fühlt sich ganz durchgefroren. Schließlich beschließen die beiden umzudrehen.

Zurück in Montréal lässt Guillaume Mareike gleich an einer Straßenecke raus, damit sie zum Arzt gehen kann.

»Dort drüben im weißen Haus findest du den passenden Arzt«, sagt er.

Vor dem Gebäude angekommen stutzt Mareike erst einmal. »*Clinique Médicale du Plateau – Medical Clinic of the Plateau*« steht dort auf einem Schild. Eine Klinik? Sie braucht ja kein Krankenhaus, sondern nur einen normalen Arzt. Im Inneren des Gebäudes fällt ihr Blick auf das Wartezimmer, wo unglaublich viele Menschen sitzen.

Du meine Güte! Hoffentlich bekommt sie bald einen Termin. Aber an der Rezeption erfährt sie dann, dass keine Termine vergeben werden und sie sich einfach hinten anstellen solle. Die Wartezeit betrage momentan drei Stunden. Das ist Mareike zu blöd. Sie bekommt ihre Erkältung auch alleine klein.

»Wo finde ich denn die nächste Apotheke?«, fragt sie an der Rezeption.

»*Jean Coutu* ist gleich an der nächsten Straßenecke.«

Tim Hortons kennt Mareike ja inzwischen, also ist ihr ganz klar, worum es sich bei *Jean Coutu* handeln muss: um eine Apothekenkette! Vor dem Geschäft angekommen, ist Mareike doch irritiert: ein Supermarkt? Auf einem ganz kleinen Schild steht es jedoch: *»Pharmacie – Drug Store«*. Okay, das muss es also doch sein. Ganz hinten im Laden findet sie schließlich die Abteilung für Medikamente. Am liebsten hätte sie ein pflanzliches Mittel gegen ihren Schnupfen. Sie geht einen Gang nach den anderen ab, kann aber kein einziges Medikament finden, das keine Chemiekeule zu sein scheint. Enttäuscht verlässt sie den Laden, weil sie nicht weiß, welches Mittel das richtige ist, und es anscheinend keine Beratung gibt.

Was ist diesmal schiefgelaufen?

Die Kälte im Osten Kanadas ist sehr trocken. Daher spürt man sie oft später als feuchte Kälte, die einem bis in die Knochen zieht. Das hat Mareike unterschätzt und sich nicht warm genug angezogen für einen Schneespaziergang. Man erfriert zwar nicht so schnell, wie Guillaume angedeutet hat, aber vor kleineren Erfrierungen sollte man sich dennoch schützen. Gerade bei längeren Aufenthalten im Freien mit starkem Wind und intensiver Kälte sind die ungeschützten Körperstellen wie Nase, Ohren und Lippen besonders empfindlich. Wird Gewebe zu kalt, kann es nicht mehr richtig durchblutet und somit auch nicht ausreichend mit Sauerstoff und Nährstoffen versorgt werden, was im schlimmste Fall zum langsamen Absterben führt. Tückisch ist dies insofern, als die betroffenen Hautstellen zwar zunächst rot, aber dann taub werden. Durch richtige Kleidung, genügend Bewegung und das Massieren von gefährdeten Stellen kann Erfrierungen aber sehr effektiv entgegengewirkt werden – also keine Sorge!

Bei Mareikes und Guillaumes Ausflug handelt sich auch nicht wirklich um einen normalen Spaziergang. Um in den Wäldern Kanadas im Winter voranzukommen, werden oft Schneeschuhe genutzt: eine Art Plastikgitter, die man sich unter die Schuhe klemmt und mit denen man weniger in den Schnee einsinkt – sie sehen ein bisschen aus wie Mini-Skier. Erfunden wurden die Schneeschuhe *(raquettes à neige/snowshoes)* von den nordamerikanischen Ureinwohnern. Als Vorbild fungierte die Natur, zum Beispiel Bärentatzen oder Biberschwänze. Heute sind die Schuhe mit Hightech-Materialien ausgestattet und mit ihnen zu wandern, ist zu einer echten Trendsportart geworden. Schneewanderungen werden oft mit Fremdenführern organisiert. Wenn man den ausgeschilderten Routen folgt, kann man aber auch alleine losmarschieren.

Mareikes Arztbesuch erschien ihr so schwierig, da Ärzte in Kanada so gut wie nie alleine arbeiten, sondern immer in einem Zusammenschluss mit mehreren Kollegen in einer Klinik. Solche Kliniken jedoch haben nichts mit Krankenhäusern zu tun. Termine werden nur sehr lange im Voraus vergeben und sind spontan kaum zu bekommen.

Das Gesundheitssystem in Kanada

In Kanada gibt es ein öffentliches Krankenversicherungssystem, das sich *Medicare (assurance-maladie)* nennt, jedoch anders als das *Medicare*-System in den USA funktioniert: Dort sind nur Leistungen für Menschen über 65 und für Behinderte abgedeckt. In Kanada wird *Medicare* durch den Staat und die Provinzen bzw. Territorien getragen, sodass sich die Leistungen innerhalb des Landes sehr unterscheiden. In jedem Fall sind die enthaltenden Leistungen – allgemein solche Behandlungen, die als medizinisch notwendig erachtet werden – für Kanadier sowie für Einwanderer mit einer unbefristeten Aufenthaltsgenehmigung kostenlos. Letztere müssen jedoch nach ihrer Ankunft in Kanada eine Frist von drei Monaten abwarten, bevor sie Anspruch auf eine kostenlose Behandlung haben. Für diese Zeit sollte man sich eine private Versicherung zulegen. Außerdem müssen Neueinwanderer darauf achten, sofort nach ihrer Ankunft eine *Health Insurance Card* (Krankenversichertenkarte) zu beantragen.

Finanziert wird dieses System durch Steuern, außer in Alberta und British Columbia, wo Krankenversicherungsbeiträge gezahlt werden müssen, sich dafür aber die Steuern reduzieren. Allerdings deckt *Medicare* nicht sämtliche Kosten ab. Es empfiehlt sich in jedem Fall eine private Zusatzversicherung, die zum Beispiel die Kosten für Zahnersatz übernimmt. Auch die Kosten für Medikamente werden in den meisten Fällen nicht von *Medicare* abgedeckt, außer für Langzeitkranke oder andere Risikogruppen.

In vielen Praxen kann man nur einen Termin vereinbaren, wenn der betreffende Arzt der Hausarzt ist. Ansonsten heißt es: Hinten anstellen! Und da alle Ärzte sehr überlastet sind, kann es schwierig sein, jemanden zu finden, der einen als Hausarzt betreut.

Apotheken heißen in Kanada *pharmacie* oder *drug store*, wobei Letztere aber nichts mit Drogen zu tun haben. *Drug stores* sind meistens eine Kombination aus Apotheke und Drogeriemarkt, wo man neben Hygieneartikeln auch eine bunte Mischung aus Spielzeugen, Schreibwaren und Lebensmitteln findet. Manchmal ist sogar die Post an den *drug store* gekoppelt und hat einen kleinen Schalter im Laden. In Québec heißen die großen Ketten zum Beispiel *Pharmaprix* oder *Jean Coutu*, in anglophonen Gebieten zum Beispiel *London Drugs* oder *Shoppers Drug Mart*. Beratung erhält man auch hier an den Schaltern ganz hinten im Laden. Diese sind geordnet nach Kunden, die nur ein Rezept einlösen wollen, Kunden, die einen Termin haben, und Kunden, die Beratung benötigen.

Naturheilpflanzliche Mittel findet man in Kanada eher selten. Im Gegenteil: Die nicht rezeptpflichtigen Medikamente sind oftmals höher dosiert als in Deutschland, haben zum Beispiel einen höheren Kortisonanteil, der bei uns schon verschreibungspflichtig wäre. Deshalb sollte man unbedingt die Packungsbeilage lesen. Kanadier haben weniger Berührungsängste, was Chemie angeht, und legen eher größeren Wert auf Hygiene und Sterilität. Es haben sich 2009/2010 auch die meisten gegen die ›Schweinegrippe‹ impfen lassen, während in Deutschland noch große Verunsicherung herrschte und 2011 schließlich sogar ein Großteil der von der Bundesregierung angeschafften Impfdosen nach Ablauf des Haltbarkeitsdatums wieder vernichtet werden musste.

Was können Sie besser machen?

Im Winter sollte man sich grundsätzlich sehr warm anziehen – eine lange Unterhose, Mütze und Handschuhe sind unerlässlich. Bei Ausflügen in die Natur ist sehr gutes Schuhwerk das Wichtigste. Auch wenn man solidere Winterschuhe sucht, lohnt es sich, in der Weihnachtszeit und am *Boxing Day* nach Schnäppchen zu schauen.

In den Kliniken hat man keine Wahl, als zu warten. Wenn nicht gerade Feiertag oder Wochenende ist, sind die Wartezeiten aber auch erträglich. Schwört man auf bestimmte Medikamente von zu Hause, sollte man sich eine Reiseapotheke mitnehmen, da sich die Medikamente vor Ort doch sehr von jenen in Deutschland unterscheiden. Deutsche Ärzte bzw. Ärzte, die Deutsch sprechen, kann man bei der deutschen

Botschaft erfragen. Die Kosten für die Behandlungen sind in jeder Provinz anders. Am besten man informiert sich zuvor, was die deutsche Krankenkasse zahlt. Oft muss man zunächst in Vorleistung gehen. Vor allem aber darf man nicht vergessen, für seine heimische Versicherung Belege zu sammeln. Auf den Rechnungen von Krankenhäusern oder Ärzten muss neben den persönlichen Daten, dem Ort und Datum der Behandlung sowie der Auflistung der erbrachten Leistungen auch die Diagnose stehen. Es empfiehlt sich darüber hinaus der Abschluss einer Auslandskrankenversicherung.

30 Wenn Bier auch ohne Reinheitsgebot schmeckt

Bierleidenschaft und Biertoleranz

Dieu du ciel – Gott des Himmels. Mareike findet den Namen sehr ungewöhnlich für eine Bar. Und eine Brauerei sieht sie auch weit und breit nicht – die hatte Kimberley nämlich angekündigt. Mareike schaut auf die Uhr. Kimberley ist jetzt schon eine Viertelstunde zu spät. Sie wollte Mareike unbedingt etwas zeigen, worauf sie besonders stolz ist: kanadisches Bier. Damit hat Mareike sich noch nicht wirklich beschäftigt. Lediglich die vielen verschiedenen Biersorten im Supermarkt sind ihr schon aufgefallen, worüber sie aber nicht weiter nachgedacht hat.

Da biegt Kimberley um die Ecke und winkt ihr fröhlich zu.

»Was für ein herrlicher Abend, um ein frisches Bier zu trinken!«

»Ja, das stimmt, aber wo ist denn nun die Brauerei, von der du so geschwärmt hast?«

»Na, hier! Wir stehen direkt davor!«

Und damit öffnet sie schwungvoll die Tür der Bar und bugsiert Mareike ins düstere Innere.

Dicke Luft und eine beeindruckende Geräuschkulisse schlagen ihnen entgegen. Das Lokal ist fast bis auf den letzten Platz besetzt und alle scheinen sich köstlich zu amüsieren. Und tatsächlich: Hinter einer Glaswand ganz am Ende des Raums stehen drei riesige bronzefarbene Behälter, die sehr an alte Kessel einer Brauerei erinnern. Die beiden suchen sich einen Platz und prompt steht auch schon die Bedienung vor ihnen und möchte die Bestellung aufnehmen.

»Ist heute etwas im Angebot?«, fragt Kimberley.

»Ein großes Glas *Pink Hibiscus* für vier Dollar.«

»Super, davon nehme ich eins. Und du, Mareike?«

Aber Mareike hat große Schwierigkeiten, einen Überblick über das große Angebot zu bekommen. Alle Biersorten stehen auf einer großen Tafel und Mareike kann mit keinem einzigen Namen etwas anfangen.

»Ein Pils, bitte«, sagt sie schließlich, weil das doch eigentlich immer funktioniert.

Die Bedienung scheint sie nicht zu verstehen und zeigt auf die Tafel.

»Unsere Sorten stehen dort oben. Wenn du etwas Herbes möchtest, kann ich dir das *Pagan*, ein *blond ale*, sehr empfehlen. Etwas fruchtiger ist das *Pink Hibiscus*, mit Hibiskusgeschmack – wirklich lecker!«

»Schmeckt das *Pagan* so ähnlich wie ein deutsches Pils?«

»Nicht wirklich. Es ist eben ein *ale*.«

Die Bedienung wird immer ungeduldiger, kein Wunder, denn das *Dieu du ciel* wird immer voller.

»Okay, trotzdem ein *Pagan,* bitte.«

Puh, das war eine schwere Geburt. Dabei möchte Mareike doch nur ein ganz normales Bier.

Überall im Lokal hängen kleine blau-weiße Fähnchen mit dem Symbol Québecs, einer weißen Lilie. Das erinnert Mareike an ihre Fahrt in die Gaspésie und das Gespräch mit der Souveränistin.

»Ich muss sagen, dass ich die Idee eines unabhängigen Québecs gar nicht so dumm finde. Es ist ja tatsächlich alleine durch die Sprache sehr anders als der Rest Kanadas. Warum also nicht? Das wäre doch lustig – ein völlig neues Land!«, denkt sie laut nach.

Kim verschluckt sich fast an den Salzstangen, die auf dem Tisch stehen, und sieht Mareike entsetzt an.

»Mareike – das kann nicht dein Ernst sein! Wenn Québec nicht mehr Teil von Kanada ist, verliert es doch alles, was so ein großes Land bietet: die politische Macht nach außen, das Sozialsystem, seine wirtschaftliche Stabilität. Stell dir doch nur vor, es gäbe hier eine Grenze zu den anderen Provinzen. Das wäre ja furchtbar. Ein großer Rückschritt. Wie kommst du nur auf solche blöden Ideen?«

Betreten starrt Mareike auf die Tischplatte. Eine solche Abfuhr hatte sie nicht erwartet. Vielleicht hat Kim ja recht. Mareike hatte ja auch nur so vor sich hingeredet und dabei nicht wirklich aufgepasst, was sie sagt.

Als die Bedienung mit ihren Gläsern zurückkommt, wundert sich Mareike, dass Kimberleys Bier rot ist.

»Hast du einen Cocktail bestellt?« fragt sie.

»Nein, das ist mein Bier. Super lecker!«

Mareike nippt an ihrem eigenen Glas und hätte das Bier fast wieder ausgespuckt. Da ist ja kaum Kohlensäure drin! Und wo ist eigentlich der Schaum? Das ist doch kein echtes Bier! Überhaupt: Wo gibt es denn schon pinkfarbenes Bier? Wo hat Kim sie hier nur hingeschleppt?

Was ist diesmal schiefgelaufen?

Kimberley wollte Mareike in eine *microbrewerie (microbrasserie)* einladen. Das ist – wie der Name schon sagt – eine kleine Brauerei, die auf lokaler Ebene Bier braut und vertreibt. Diese sind sehr beliebt in Kanada, vor allem da sie oft eine angeschlossene Bar haben, wo ihr selbstgebrautes Bier direkt probiert werden kann. In Québec findet man überwiegend Bier, das an nordfranzösische oder belgische Traditionen angelehnt ist. In Ontario hingegen wird durchaus noch Bier nach deutschen Traditionen gebraut, aber auch nach Rezepten des Mittleren Westens der USA. Im äußersten Osten Kanadas, nahe dem Atlantik, ist man von britischen Traditionen beeinflusst, während British Columbia eher unter dem kulinarischen Einfluss Kaliforniens steht.

Mareike zeigt sich hier ein wenig ignorant, was andere Biersorten angeht. Das Reinheitsgebot ist sehr deutsch und wird tatsächlich auch von einigen wenigen Brauereien in Kanada bewusst eingehalten. Was der Qualität des restlichen Bieres aber in keiner Weise schadet – es ist köstlich! Statt Pils gibt es hier vor allem Ale und Lager sowie amerikanisches Dünnbier. Auch das schwere Porter und Stout erfreuen sich größter Beliebtheit.

Kleine kanadische Bierkunde

Die europäischen Siedler haben Bier nach Kanada eingeführt und bereits 1668 die erste Brauerei eröffnet. Mit der Übernahme der Kolonie durch die Briten 1760 nahm der Bierkonsum zu. Eine der ältesten Brauereien ist *Molson*, 1786 von John Molson gegründet. Alexander Keith gründete seine Brauerei 1829. Heute sind die meisten kanadischen Brauereien an ausländische Großkonzerne verkauft worden. *Molson* gehört nun zu der US-amerikanischen Brauerei *Coors* (bleibt aber offiziell eine kanadische Brauerei, da die Wertpapiere in Toronto gehandelt werden), *Keith's* und *Labatt* gehören zum belgischen Konzern *Interbrew*. Marktführer sind immer noch *Molson* und *Labatt*. Die einzige noch im kanadischen Besitz befindliche Brauerei ist *Moosehead* in St. John, New Brunswick. Heute nimmt jedoch der Bierkonsum in Kanada mehr und mehr zugunsten des Weinkonsums ab.

Auch bei den Biersorten mischen sich die Einflüsse der verschiedenen Einwanderergruppen. Prinzipiell sollte man wissen, dass Ale ein Bier mit obergäriger Hefe ist und in verschiedenen Geschmacksrichtungen, Farben und Stärkegraden erhältlich ist. Ein Lager ist ein untergäriges Bier, das auch als Hellbier bezeichnet wird. Untergärige Hefesorten vergären bei 8–14 °C, während obergärige Sorten eine Temperatur von 18–24 °C benötigen.

Das passende Bier für jedermann – eine kleine Auswahl:

Cream Ale – Sehr helles, mildes und leichtes Ale. Kann auch mit Lager verschnitten werden. Schaum sehr feinporig und dicht, hält sich nur kurz, cremig.

India Pale Ale – Für die britischen Kolonisten und Soldaten in Indien musste man ein Bier brauen, das besonders lange haltbar war. Dafür wurde viel Malz und Hopfen hinzugefügt.

Red Ale – Obergäriger Ale-Typ, rötlich bis rötlichbraun.

Stout – Obergäriges, sehr dunkles Bier, oft mit einem geschmacklichen Röstcharakter, Karamel- oder Schokoladennote.

Maple Ale/Lager – Ale oder Lager, das mit Ahornsirup versetzt ist und so den typischen süßlichen Geschmack erhält.

Was können Sie besser machen?

Seien Sie offen für alles Neue – in Kanada gibt es Bier für jeden Geschmack. Ob bitter, süß oder fruchtig: Man kann sich immer wieder überraschen lassen. Bei der Bestellung sollte man auf die Mengen achten:

Französisch	Englisch	Deutsch
un verre	*a glass*	ein kleines Glas (ca. 250–330 ml)
une pinte	*a pint*	ein großes Glas (ca. 0,5 Liter)
un pichet	*a pitcher*	ein Krug (ca. 1 Liter)

Übrigens gibt es in Kanada keine Bierkästen. Entweder kauft man Dosen in den unterschiedlichsten Größen oder aber Kartons mit sechs bis 24 Flaschen. Die Pfandregelungen sind von Provinz zu Provinz unterschiedlich.

Mit anglophonen Kanadiern wie Kimberley darüber zu diskutieren, ob Québec nicht besser unabhängig sein sollte, ist nicht gerade klug, möchte man bloß Konversation und keine wilde Debatte führen. Abgesehen davon, dass das Thema nicht mehr wirklich aktuell ist, stellt man sich mit einer Position pro Unabhängigkeit auf die Seite relativ extrem denkender Kanadier. Dass dies, egal welche Meinung man vertritt, zu heiklen Situationen führen kann, hat Mareike ja schon in der Gaspésie erfahren dürfen. Natürlich steht jedem seine eigene Meinung zu, aber als Ausländer mischt man sich hier in etwas ein, was man sowohl sachlich als auch, was die damit verbundenen Emotionen angeht, meistens nicht überschauen kann. Zudem ruft die Diskussion um die Unabhängigkeit Québecs bei vielen Erinnerungen an die schlimmen Ausschreitungen in den 1960er- und 1970er-Jahren hervor, als die *Front de libération du Québec* (FLQ), eine kleine Gruppe prosouveräner Extremisten, mit Terror- und Mordanschlägen Angst und Schrecken verbreitete.

31 Wie man aus vielen Küchen eine macht

Quietschekäse und Karibufleisch

»Mareike, du könntest eigentlich mal ein richtig schönes deutsches Gericht für mich kochen! Sauerkraut, Braten, Schweinshaxe?«

Guillaume hat sich vor Mareike aufgebaut, die Hände in die Hüften gestemmt und grinst sie süffisant an. Es ist Samstag, Mareike hat es sich auf der Couch bequem gemacht und liest den Roman *Surfacing* von Margaret Atwood. Sie will sich endlich mit der kanadischen Literatur bekannt machen. Widerstrebend reißt sie sich von ihrem Buch los.

Kanadische Literatur

Zu den bekanntesten anglophonen Schriftstellern Kanadas zählen Mordecai Richler, Robertson Davis, Timothy Findley, Margaret Atwood, Alice Munro und Margaret Lawrence. Auf der frankophonen Seite sind Anne Hébert, Gabrielle Roy, Marie-Claire Blais, Michel Tremblay und Hubert Aquin zu nennen. Thema der kanadischen Literatur ist nicht selten die nationale oder regionale Identität, die durch die verschiedenen Einwanderer, aber auch durch die großen Entfernungen innerhalb des Landes, oft problematisch und komplex ist.

Atwoods Roman *Surfacing* (1972) wird gerne als das Schlüsselwerk der anglophonen kanadischen Literatur bezeichnet, während der Roman *Kamouraska* von Anne Hébert (1970) als eines der wichtigsten Werke des frankophonen Kanada gilt. In den 1970er- und 1980er-Jahren beschäftigte sich die anglophone Literatur besonders viel mit der Nähe und gleichzeitigen Abgrenzung zu den USA. Die frankophone Literatur setzte sich hingegen mit der Beziehung zu den anglophonen Nachbarn auseinander. Beide Seiten versuchten, sich in die verschiedensten Richtungen abzugrenzen oder sich kritisch mit den nationalen Beziehungen auseinanderzusetzen.

Die zeitgenössische Literatur ist insbesondere geprägt von Einwanderern der verschiedensten Kulturen, die sich mit ihrer ganz eigenen Identität innerhalb Kanadas beschäftigen.

»Guillaume, ich kann nicht kochen, das weißt du doch. Außerdem: Koch du doch erst mal ein gutes kanadisches Gericht für mich. Da gehen dir bestimmt schnell die Ideen aus …«

Guillaume runzelt die Stirn.

»Wie meinst du das denn?«

»Na ja, es gibt doch keine kanadische Küche, oder? Abgesehen vom Truthahn vielleicht, aber den gibt es in den USA ja auch …«

Guillaumes Stirn hört gar nicht mehr auf, sich zu runzeln.

»Okay, ich sehe, wir haben hier ein dickes Problem. Mareike, zieh deine Jacke an und komm mit. Jetzt bekommst du erst mal eine vernünftige Einführung in die kanadische Küche.«

Eine Viertelstunde später stehen die beiden in einem kleinen Fast-Food-Restaurant Schlange.

»Deux poutines, s'il vous plaît«, sagt Guillaume.

Putin? Was ist das nun wieder? Das hört sich an wie der ehemalige russische Präsident. Vielleicht eine russische Spezialität? Aber in Kanada gibt es doch gar nicht so viele russische Einwanderer.

Guillaume strahlt sie an, als er die zwei *poutines* in der Hand hält.

»So, Mareike, das hier ist zwar Fast Food und keine *haute cuisine*, aber es ist so was von typisch für Québec!«

Mareike blickt auf ihren Teller herab. Das sieht vor allem

aus wie Pommes frites mit einer großen Pampe aus undefinierbarem Zeug darauf.

»Was ist denn das?«, fragt sie leicht entsetzt.

»Das ist *poutine*! Das Beste, was es gibt, wenn man einen Kater hat! Pommes frites mit *fromage en grains* und brauner Soße! Lecker!«

Und er hat recht! Mareike muss sich zwar etwas überwinden, das fettige Etwas auf ihrem Teller zu probieren, aber dann ist es ganz vorzüglich. Nur die Pommes werden schnell labberig unter der braunen Soße. Aber der Käse verläuft herrlich über den ganzen Teller.

Quietschekäse

»Fromage en grains« bzw. *»cheese curds«* wird übersetzt mit Käsebruch oder – wenn man vom Französischen ausgeht – manchmal auch mit Krümelkäse. *Cheese curds* sind eigentlich ein Nebenprodukt bei der Herstellung von Cheddar-Käse, der in Kanada gegessen wird wie Gouda in Deutschland. Die kleinen Käsestücke werden vor der Pressung des Käses abgeschöpft und zeichnen sich durch ihre Konsistenz aus. Kaut man *cheese curds*, quietschen sie geradezu im Mund. Dieser Effekt geht allerdings verloren, sobald der Käse älter als ein Tag ist und im Kühlschrank aufbewahrt wurde.

Als Nächstes machen sie sich auf den Weg zu Guillaumes Lieblingsimbiss *Chez Schwartz*, wo schon eine lange Schlange vor der Tür wartet. Guillaume stöhnt auf.

»Ah, das ist hier immer so um die Mittagszeit …«

Mareike hat gar keinen Hunger mehr nach dem riesigen Pommesberg, aber sie will keine Spielverderberin sein und wenigstens probieren.

»*Smoked meat*, also geräuchertes Fleisch, ist ebenfalls eine Delikatesse, vor allem in Montréal. Es wurde von den osteuropäischen Einwanderern eingeführt und wird auf einfachem Toastbrot gegessen. Wie du siehst, sind es etwa fünf Zentimeter Fleisch und ein Zentimeter Brot!«, erklärt Guillaume begeistert.

»Das ist ja alles schön und gut, aber das ist alles Fast Food. Wenn ihr zu Hause esst, was kocht ihr denn dann?«

»In Québec ist die *tourtière* die Leibspeise der Einheimischen. Überhaupt gibt es aber viel tolles Fleisch und leckeren Fisch in den Regionen am Meer. Und jetzt essen wir erst mal Nachtisch. Was hältst du von Biberschwänzen?«

Mareike schaut entsetzt. Guillaume grinst nur und schiebt sie zum Bäcker nebenan.

Was ist diesmal schiefgelaufen?

Die kanadische Küche sollte man auf keinen Fall unterschätzen. Kanada ist ein Schmelztiegel der Kulturen, was sich auch im kulinarischen Bereich zeigt. Während früher vor allem Menschen aus Europa nach Kanada emigrierten, sind es heutzutage immer häufiger Asiaten, Afrikaner und Lateinamerikaner. In den Metropolen wie Toronto, Vancouver oder Montréal findet man inzwischen so ziemlich jedes Land auch auf der Speisekarte vertreten: Von armenischer über die äthiopische bis zu mauritianischer Küche gibt es alles! In den *Chinatowns* der Großstädte werden relativ authentische chinesische Gerichte angeboten. In Vancouver ist der asiatische Einfluss besonders stark. Hier gibt es zum Beispiel die besten Sushi-Restaurants des Landes.

In der Küche Québecs kann man noch deutlich den französischen Einfluss feststellen. Über die Jahrhunderte hat sich aber natürlich ein ganz eigener Charme entwickelt. Neben dem Fleischkuchen, der *tourtière*, die aus mit Teig überbackenem Hackfleisch besteht, findet sich die beschriebene *poutine* und das *pâté chinois*. Letzteres ist eine Art Auflauf, der sich aus Hackfleisch, Mais und Kartoffelpüree zusammensetzt. *Tourtière* wird noch heute vor allem an Weihnachten oder Neujahr gegessen, und bei *poutine* handelt es sich natürlich nicht um den russischen Präsidenten, sondern um das beschriebene, nicht gerade gesunde, aber unverschämt leckere Fast-Food-Gericht.

Das kulinarische Kleinod ganz Kanadas ist aber der Ahornsirup. Pfannkuchen mit Ahornsirup werden landesweit gerne zum Frühstück gegessen. Man findet den süßen Saft aber auch in vielen anderen Speisen, im *maple pie* (Ahornsirupkuchen), in Keksen, Bonbons, Marmelade, Tee, Eis, Butter, Bier …

Generell mögen es die Kanadier gerne süß. *Apple pie, sugar pie* oder *pumpkin pie* (Apfel-, Zucker oder Kürbiskuchen) sind sehr beliebt. In British Columbia findet man die köstlichen *Nanaimo bars*. Das ist eine Art Kuchen mit Schokoladen-Brownies als Boden, überzogen von einer Schicht Vanillepudding, auf die wiederum eine ordentliche Ladung dunkle Schokolade kommt.

Mareike war übrigens ganz umsonst über die Biberschwänze entsetzt: Es handelt sich dabei um ein süßes Gebäck, das lediglich die Form eines Biberschwanzes hat, also lang und platt ist. Der Belag variiert von süß (mit Zimt und Zucker, Äpfeln oder Vanillecreme) bis salzig (zum Beispiel mit Käse und Speck).

Auch in Sachen Wild findet man in Kanada Außergewöhnliches. Karibu, Bison und Elch werden nicht nur klassisch verarbeitet, sondern durchaus auch auf Burgern, im Eintopf oder in Spaghettisoßen angeboten. Hierfür werden die Tiere üblicherweise nicht etwa in der Wildnis geschossen, sondern extra gezüchtet.

Was können Sie besser machen?

Die Spezialitäten variieren von Region zu Region. Es lohnt sich, wenn man sich genau informiert, was typisch für die jeweilige Gegend ist, denn es gibt viel zu entdecken. Und ansonsten gilt: so viel probieren wie möglich und sich nicht von Bezeichnungen wie »Biberschwänzen« in die Irre führen lassen! Oder man probiert selbst, ein kanadisches Gericht zu kochen oder zu backen. Viele Speisen lassen sich nämlich nur schwer in Deutschland nachkochen, da es manche Zutaten bei uns nicht gibt.

Blueberry Pie

Mengen werden in Nordamerika in *cups* gemessen. Diese findet man günstig in jedem kanadischen Haushaltswarengeschäft. 1 *cup* sind ca. 250 ml.

Zutaten für den Teig:

1½ cups (375 ml)	Mehl *(all-purpose flour)*
2 Esslöffel	Kristallzucker *(granulated sugar)*
½ Esslöffel	Salz *(salt)*
¾ cup (190 ml)	Butter *(butter)*

Zutaten für die Füllung:

5 cups (1,25 l)	frische oder aufgetaute Blaubeeren
1 cup (250 ml)	Kristallzucker *(granulated sugar)*
1 EL (15 ml)	Mehl *(all-purpose flour)*
2 TL (10 ml)	Zimt *(cinnamon)*
2 EL (30 ml)	Puderzucker *(icing sugar)*

Für den Teigmantel:

Mischen Sie Mehl, Zucker und Salz in einem großen Topf. Butter stückchenweise hinzufügen und das Ganze gut durchmengen. Den Teig gleichmäßig in eine runde Form füllen (Durchmesser: 10 *inch* bzw. 25 cm). Im Ofen bei 350 °F (180 °C) ca. 20–25 Minuten backen, bis der Teig leicht golden ist.

Für die Füllung:

Zwei *cups* (500 ml) Beeren aufheben und zur Seite legen. Zucker mit Mehl und Zimt vermischen. Vorsichtig die restlichen Beeren unterrühren. Die Mischung auf den Boden geben. Im Ofen bei 400 °F (200 °C) ca. 30–35 Minuten backen, bis die Füllung blubbert und der Teig golden ist.

Lassen Sie den Kuchen auf dem Rost auskühlen. Kurz vor dem Servieren können Sie ihn aus der Form lösen. Übrige Blaubeeren und Puderzucker gleichmäßig über den Kuchen verteilen.

32 Wo man den Schnee mit Sirup gießt

Ahornwunder und Hüttenzauber

Der berühmte Ahornsirup – Mareike hat von dem typischen kanadischen Produkt schon so viel gehört! Im Laufe ihrer Reise ist er ihr schon in Keksen und auf *pancakes* begegnet. Aber jetzt ist endlich Ahornsirup-Zeit! Guillaume hat ihr erklärt, dass ab Februar die Erntezeit beginne. Vielleicht hat Mareike ihn aber auch nicht richtig verstanden, denn gerade fahren sie durch eine weiße Schneelandschaft und sie denkt eher an Skiurlaub, als dass sie glauben mag, in dieser Kälte könnte irgendetwas geerntet werden.

»Wir fahren jetzt zu einer echten *cabane à sucre*, einem *sugar house*!«, hat Guillaume eines Morgens angekündigt.

Eine Zuckerhütte? Vielleicht ist das der Name einer Fabrik, die den Sirup produziert. So weit, wie sie jetzt aber schon im Wald sind, kann eigentlich keine Fabrik mehr kommen.

Auf einmal wird der Weg furchtbar uneben, ihr Wagen rumpelt durch Schnee und Matsch und Mareike fragt sich schon, ob Guillaume sich verfahren hat.

»Bist du sicher, dass wir hier richtig sind?«, fragt sie etwas unsicher.

»Ja, na klar, da vorne ist es schon.«

Und tatsächlich tut sich mit einem Mal eine Lichtung auf, auf der schon viele Autos parken und Kinder im Schnee herumtoben. In der Mitte des Platzes steht eine Holzhütte, die noch nicht einmal besonders groß ist. Das kann doch nicht die Fabrik sein? Bei genauerem Hinsehen stellt Mareike fest, dass die Kinder gebannt einer seltsamen Prozedur folgen. Jemand hat im Schnee eine lange Bahn geformt, die leicht abschüssig ist und eine Rille in der Mitte hat. Am oberen Ende steht ein junger Mann mit einer Schüssel dampfender Flüssigkeit und gießt langsam eine braune Suppe in die Schneebahn. Die Kinder warten alle gespannt mit kleinen Holzstäbchen in der Hand um den Schnee herum. Was soll das nur werden?

Guillaume zieht sie schnell ins Warme der Hütte, weil es zwar wieder einmal ein herrlich sonniger, aber zugleich auch ein furchtbar kalter Tag ist. Drinnen staunt Mareike nicht schlecht. Von Maschinen und Fertigungsanlagen, wie man sie von einer Fabrik erwarten könnte, ist weit und breit nichts zu sehen. Stattdessen stehen sie in einem großen Saal mit einfachen Holzbänken und -tischen, an denen wahnsinnig viele Menschen sitzen. Mareike steuert schnurstracks auf zwei freie Plätze direkt an einem offenen Kamin zu. Sie friert fürchterlich nach dieser langen Autofahrt.

»Entschuldigen Sie, haben Sie reserviert?«, hält eine freundliche junge Dame sie auf.

»Reserviert? Nein.«

In diesem Holzschuppen muss man reservieren?

Die junge Frau sieht ein wenig nervös aus. Doch da meldet sich Guillaume zu Wort, der Mareike gar nicht so schnell folgen konnte.

»Doch, doch natürlich haben wir reserviert. Für zwei Personen.«

Die Bedienung entspannt sich wieder und führt sie zu zwei Plätzen am Ende einer langen Tafel.

Nicht einmal fünf Minuten später haben sie bereits zwei Teller mit je einem Spiegelei vor sich und es werden Schüsseln mit Schinken, Eiern und *pancakes* gebracht.

»Aber ich habe doch gar nicht bestellt! Könnte ich vielleicht die Karte sehen?«, empört sich Mareike.

Die Bedienung schaut sie verständnislos an.

»Es tut mir sehr leid, aber das ist doch unser Standardmenü.«

Essen denn hier alle das Gleiche? Mareike schaut sich um. Tatsächlich. Die Essensschüsseln machen bereits die Runde. Es ist wie bei einem großen Familienessen. Und überall stehen große Krüge voll Ahornsirup. Mareikes Augen werden groß: Guillaume schüttet sich doch tatsächlich Sirup über die Eier! Und jetzt auch noch über den Schinken! Wie eklig!

»Guillaume, was machst du denn da?«

»Probier mal. Das ist wirklich lecker«, lächelt er verschmitzt.

Da alle anderen Gäste dieselbe kulinarisch zweifelhafte Angewohnheit zu haben scheinen, wagt Mareike es ebenfalls und ertränkt ihren Schinken in Sirup. Oje – ob das wohl schmeckt?

Was ist diesmal schiefgelaufen?

Die *cabanes à sucre* oder *sugar houses* sind keine großen Fabriken, wie Mareike sie sich vorstellt hat, sondern kleine Holzhütten, die eher eine Touristenattraktion sind. Früher aber waren die *sugar houses* tatsächlich die Orte, wo für den privaten oder teilkommerziellen Gebrauch Ahornsirup hergestellt wurde. Heute gibt es immer noch einige Familien, die ihre eigenen *sugar houses* haben. *Sugar houses* findet man ausschließlich in Ostkanada, und auch der Großteil des kanadischen Ahornsirups wird in Québec produziert. Die meisten *cabanes* sind lediglich zur Erntezeit im Februar bis April für die Öffentlichkeit zugänglich. Auch Familienfeste oder Firmenveranstaltungen finden hier manchmal statt, andere *sugar houses* wiederum bieten gleich ein ganzes Freizeitprogramm inklusive Hundeschlittentour und Wanderung an. Und gerne feiern Familien hier ihr Osterfest. Die erste Ernte wird oft mit einer *sugaring-off party* zelebriert.

Vom Zuckerwasser zum Sirup

Bereits lange vor der Ankunft der ersten europäischen Siedler haben die Ureinwohner Kanadas gewusst, wie man die Flüssigkeit in den Ahornbäumen nutzt. Am Ende des Winters, wenn die Sonne wieder länger scheint, es nachts aber noch Frost gibt, transportieren die Bäume die in den Wurzeln gespeicherten Nährstoffe in Richtung Knospen.

Wird in dieser Zeit der Stamm angebohrt, stößt man auf den Pflanzensaft, der wie in Adern den Baum hinauffließt. Früher hängte man kleine Blecheimer, in welche die Flüssigkeit floss, an die Baumstämme. Heute werden die Bäume durch moderne Rohrsysteme verbunden, deren *pipelines* in große Sammelbehälter führen.

Traditionell wurde der Saft über Feuer zum Kochen gebracht und dickte ein, bis ein Zuckergehalt von ca. 60 Prozent erreicht war. Beim Kochen wird der Zucker karamellisiert, was zu dem typischen Geschmack führt, den die Kanadier so schätzen. Heute transportiert man den Saft in zentrale Fabriken, wo der Sirup eingekocht wird.

Um einen Liter Ahornsirup zu erzeugen, benötigt man ca. 40 Liter Saft. Diese Menge kann ein einzelner Baum in etwa einem Jahr erzeugen. Allerdings muss er eine gewisse Größe erreicht haben, weshalb Bäume, die jünger als 40 Jahre sind, weniger geeignet sind.

Die *cabanes* sind meistens recht einfach eingerichtet, mit Holzmobiliar, was gut zu dem rustikalen Ambiente passt. Der frische Ahornsirup ist besonders lecker. Darum gibt es draußen auch immer ein großes Spektakel für die Kinder, bei dem der Sirup auf Schnee gegossen wird. Durch die Kälte erhärtet die Flüssigkeit in kürzester Zeit. Die Kinder hatten Stäbchen in der Hand, weil sie damit, als Mareike bereits im Haus verschwunden war, den nun zähen Sirup zu einem Lutscher aufgerollt haben – einem *maple taffy* oder *tire d'érable*.

Glücklicherweise hatte Guillaume einen Platz für Mareike und sich reserviert – das ist nämlich in vielen *cabanes* notwendig, damit die Gastgeber entsprechende Mengen einplanen können, außerdem natürlich, um überhaupt einen Platz zu bekommen. Man sollte sich vorher zudem genau erkundigen, wo sich die *cabane* befindet, vor allem wenn es eine kleine oder gar private ist. Sonst verfährt man sich schnell in der Winterlandschaft.

Mareike wollte sich selbst aussuchen, was sie isst. Das ist in *sugar houses* eher unüblich. Die Menüs stehen fast immer im Voraus fest: Zumeist gibt es eine Art Brunch mit allem, was das nordamerikanische Herz begehrt: Speck, Schinken, Eier, Bohnen, Schweinefleisch, *pancakes* und so weiter. Wie in diesem Fall sitzen die Gäste oft an großen Tafeln und die Speisen machen die Runde, was eine sehr gesellige Atmosphäre schafft.

Und tatsächlich wird Süßes und Salziges gerne gemischt. Als Nachtisch wird zum Beispiel *tarte au sucre (maple pie* – Zuckerkuchen*)* oder auch *pouding chômeur* gereicht – beides natürlich in Ahornsirup getränkt.

Pouding chômeur ist übrigens kein Pudding und hat auch nichts mehr mit Arbeitslosen *(chômeurs)* zu tun: Während der Krisenjahre um 1929 herum wurde das Gericht von Arbeiterinnen in Québec entwickelt, da es aus besonders günstigen Zutaten besteht: vor allem aus Wasser, Mehl, braunem Zucker und Ahornsirup.

Was können Sie besser machen?

Um einmal frischen Sirup zu genießen, sollte man unbedingt zur Erntezeit in eine *cabane* fahren. Vor der Hütte selbst Kind zu spielen, ist auch keine schlechte Idee, denn die Ahornsirup-Lutscher sind sehr lecker.

Reservierungen sind in den meisten *cabanes* erforderlich. Dabei kann man sich auch gleich erkundigen, ob es weitere Angebote gibt, wie zum Beispiel Führungen durch die Produktionsstätten oder Wanderungen in den angrenzenden Wäldern. In vielen *sugar houses* kann man übrigens den hauseigenen Sirup und viele andere Produkte auch käuflich erwerben: Ahornsirupzucker, Ahornsirupbutter, Ahornsirupkekse, Ahornsiruplollies und so weiter.

Je nach Aufbau der *cabane*, kann es sehr gesellig zugehen. Sich unter die anderen Gäste zu mischen fällt oft nicht schwer und führt zu einem unvergesslichen Erlebnis. Aber vor allem sollte man keine Scheu davor haben, alles zu probieren, und wenn es einem noch so abwegig erscheinen mag, Sirup mit Speck zu essen! Der Zucker bietet einen herrlichen Kontrast zum salzigen Schinken. Sie werden schnell gar nicht mehr genug davon bekommen …

33 Wenn man Kanada für Skandinavien hält

Nacktheit und Schamgefühl

Der Winter will in diesem Jahr kein Ende nehmen. Es ist schon Ende März und noch immer fällt ab und zu Schnee. Dabei ist es gar nicht mehr kalt genug, damit er liegen bleiben kann, weshalb die Straßen voll von dreckigem Schneematsch sind. Da kommt es gerade richtig, dass Kim Mareike zu einem Saunabesuch eingeladen hat. Darauf hat sie bei diesem Wetter große Lust – sich endlich einmal ordentlich aufwärmen und die müden Muskeln entspannen! Auf der Straße hupt ein Auto – das muss Kim sein! Schnell schnappt Mareike sich ihre Sporttasche und spurtet aus der Wohnung und die rutschige Wendeltreppe hinunter.

»Auf geht's! Hast du alles dabei?«

»Ich glaube schon«, antwortet Mareike etwas unsicher.

Und ab geht's!

Kimberley fährt mit Mareike ein ganzes Stück aus der Stadt hinaus.

»Fahren wir denn nicht einfach zu einem öffentlichen Schwimmbad?«, fragt Mareike irgendwann, als es ihr doch etwas weit vorkommt.

»Oh nein! Wir fahren zu einem besonders schönen Spa! Du wirst schon sehen!« Oh je, hoffentlich wird das nicht zu teuer. Damit hatte Mareike nun gar nicht gerechnet. Vor Ort angekommen bestaunt Mareike das edle Gebäude. Innen ist alles mit schwarzen glänzenden Fliesen ausgelegt und eine angenehme Lounge-Musik spielt im Hintergrund. Kimberley füllt die Anmeldungsformulare für beide aus und nimmt wunderbar weiche Handtücher entgegen.

»Mareike, hast du an deine Badelatschen gedacht?«

Die hat sie tatsächlich nicht dabei. Zum Glück können sie welche kaufen und herrliche weiße Bademäntel bekommen sie noch zusätzlich. Was für ein Luxus!

Kimberley und Mareike betreten die Umkleidekabinen für Frauen, wo es Schließfächer, Duschen und sehr schöne Kabinen gibt. Am Eingang steht ein Ständer mit einer Flasche, die eine Art Gel zu enthalten scheint. Mareike drückt vorsichtig darauf und schon schießt ihr eine Ladung Flüssigkeit entgegen. Riecht irgendwie scharf. Ist das Putzmittel? Schnell geht sie zum Waschbecken und wäscht sich das seltsame Zeug gründlich von den Händen. In der Kabine legt sie ihre Sachen ab und schlüpft in den schönen Bademantel. Kimberley wartet schon freudestrahlend im Flur auf sie.

»Du wirst sehen, die Saunalandschaft hier ist einsame Spitze!«

Die erste Sauna ist eine Dampfsauna. Drinnen sitzen schon einige Besucher, die Mareike wegen des starken Dampfs nicht richtig sehen kann. Ohne lange zu überlegen, zieht sie ihren Bademantel aus, hängt ihn an den Kleiderhaken draußen und macht die Tür zur Sauna auf. Mühsam findet sie den Weg zu einem freien Platz, wo sie sich genüsslich niederlässt. Sie schließt die Augen und genießt das wohlige Gefühl, als die Wärme sie durchflutet. Aber wo ist eigentlich Kimberley? Erst jetzt fällt ihr auf, dass es um sie herum erstaunlich leer geworden ist. Die meisten haben den Raum inzwischen verlassen und gerade machen sich auch die letzten zwei auf den Weg. Als sie an der Tür stehen, bemerkt Mareike, dass die Frau einen Bikini trägt und der Mann eine Badehose. Wie merkwürdig, dass sie nicht nackt sind, wie es doch in einer

Sauna üblich ist. Vorsichtig blickt sie durch die Glastür nach draußen. Da steht Kimberley mit ihrem Bademantel und winkt heftig. Alle Menschen, die dort vorbeigehen, scheinen Badekleidung zu tragen. Oh Gott! Sie ist als Einzige splitternackt!

Was ist diesmal schiefgelaufen?

In den letzten Jahren ist es sehr in Mode gekommen, Spas zu besuchen und Wellness-Angebote zu nutzen. Auf dem Land, aber auch in den Städten, gibt es mehr und mehr Möglichkeiten, sich massieren zu lassen, in die Sauna zu gehen oder andere Schönheitsbehandlungen auszuprobieren. In meist sehr schönem Ambiente kann man sich hier entspannen und verwöhnen lassen. Die Ausstattung variiert von luxuriös bis rustikal, manchmal sind sogar Eisbäder in den hauseigenen Bächen oder Seen möglich.

In vielen dieser Einrichtungen wird gewünscht, dass man im Saunabereich bekleidet ist. Gemischte Umkleidekabinen gibt es kaum und Nacktheit ist in Saunen weitestgehend unüblich. Auch bewegt man sich zwischen den verschiedenen Bereichen des Spas meist im Bademantel oder in großen Saunahandtüchern. Mareike hatte sich nicht erkundigt, was mitzubringen ist, und so die Badelatschen vergessen. Vor allem aber: Sie ist nackt in die Sauna gegangen!

Generell legen die Kanadier größeren Wert auf Hygiene. Daher steht an den Eingängen vieler Sport-, Medizin- oder Wellness-Einrichtungen ein Behälter mit Desinfektionsgel. Dieses tötet angeblich 99,9 Prozent aller Bakterien auf der Haut und wird zwischen den Handflächen verrieben. Es gibt das Gel auch in kleinen Fläschchen zu kaufen, die viele Kanadier in ihrer Handtasche für unterwegs dabeihaben.

Was können Sie besser machen?

Es lohnt sich zu fragen, was für einen Spa-Tag mitgebracht werden muss. Meistens kann man Handtücher und Bademäntel leihen, aber nicht in allen Etablissements ist das der Fall. Massagen müssen immer vorher reserviert werden, ebenso wie alle anderen Sonderbehandlungen. Sich vorab zu informieren, lohnt sich schon deshalb, weil es oft besondere Tarife für bestimmte Tageszeiten oder zu Feiertagen gibt, aber auch Veranstaltungen wie Konzerte oder kulinarische Erlebnisse.

Nackt sollte man auf keinen Fall in die Sauna gehen. Es sei denn, man möchte die Sauna für sich alleine haben oder gebeten werden, das Spa zu verlassen.

34 Wie man seinen Schulabschluss und sein Auto verliert

Teure Kleider und leere Bordsteine

Mareike steigt aus Guillaumes Wagen aus, den sie sich für den Nachmittag geliehen hatte, um ein paar Einkäufe zu erledigen, und versinkt prompt in einer tiefen Pfütze aus geschmolzenem Schnee. So ein Mist.

Gerade heute Morgen hat sie mit ihrer Freundin Franziska zu Hause telefoniert. Es ist April und eine Hitzewelle überrollt Deutschland. Seit zwei Wochen schwitzen ihre Freunde bei 25 Grad im Schatten. In Montréal liegt hingegen immer noch Schnee – oder besser gesagt: Schneematsch. Echter Schnee wäre ja noch auszuhalten, aber diese grau-schwarze Brühe überall ist einfach unerträglich. Unfair ist das. Ob der Winter hier je aufhören wird?

»Hey, endlich kann mir jemand aufmachen! Ich warte schon eine Viertelstunde auf euch!«, ruft eine fröhliche Stimme vom Eingang her.

Das ist Emilie, Guillaumes kleine Schwester, die in letzter Zeit ständig vor der Tür steht und fast schon beleidigt ist, wenn niemand zu Hause ist. Gemeinsam mit ihrem Bruder überlegt sie momentan wie wild, was sie studieren soll. Im Juni ist sie fertig mit der Schule. Emilie ist erst 18 Jahre alt, wirkt aber, als hätte sie die ganze Welt bereist. Sie folgt Mareike in die Küche und strahlt wie ein Honigkuchenpferd. In den Armen hält sie ein riesiges Paket.

»Mareike, wie schön, dass wenigstens du da bist. Dann bin ich nicht alleine, wenn ich feierlich mein Kleid auspacke.«

»Was für ein Kleid denn? Hast du dir was bestellt?«

Eine seltsame Spannung liegt in der Luft. Emilies Augen glitzern, als wenn gleich etwas ganz unerhört Großartiges geschehen würde.

»Mein Kleid für den Abschlussball!«, ruft sie und hüpft dabei aufgeregt durch die Küche.

Mareike überlegt. Was für ein Abschlussball? Hat sie einen Tanzkurs gemacht? Doch das Kleid, das Emilie jetzt aus dem Karton zieht, kann nur für einen Opernball, eine Hochzeit oder doch gleich für die Oscar-Verleihung sein, so pompös ist es!

»Zu was für einem Ball gehst du denn?«, fragt Mareike erstaunt.

»Na, zum Ball meiner Schule, vom *Cégep*! Ich bin doch bald fertig!«

Du meine Güte. Ob sie es da nicht etwas übertreibt? Und was bitte ist ein *Cégep*?

»Findest du es schön? Lucie aus meinem *Creative-Writing*-Kurs hat ein ganz ähnliches, aber in dunkelblau. Ich fand hellblau schöner. Ich finde, das schmeichelt meinem Teint mehr«, sprudelt es aus ihr heraus.

»*Creative* was? Habt ihr etwa einen Kurs zum kreativen Schreiben in der Schule?«

»Ja klar. Und ich bin eine der Besten! Darum will ich erst mal einen *minor* in Dramaturgie machen. Ich möchte gerne mal fürs Theater schreiben! Hast du ein gutes *DEC*?«

»Ich habe kein *DEC* – glaube ich zumindest… Was ist denn das?«

»Oh – du hast gar keinen Schulabschluss? Das wusste ich nicht.«

Mareike gibt auf. Die vielen komischen Begriffe versteht sie sowieso nicht. Zu allem Überfluss erklingt draußen jetzt auch noch ein heulender Ton wie von einer Sirene. Er ist so laut, dass Mareike Kopfschmerzen davon bekommt.

»Und was machst du diesen Sommer, wenn du fertig bist? Eine Weltreise?«, fragt sie, um das Thema zu wechseln.

»Oh nein, ich werde in einem Hotel arbeiten, um Geld für das nächste Jahr zu verdienen.«

»Oh, das ist aber schade. Möchtest du nicht erst mal ein bisschen was von der Welt sehen? Vielleicht nach Europa?«

Emilie sieht etwas bedrückt aus.

»Das geht leider nicht. Die Studiengebühren werden bald wieder erhöht. Da brauche ich ein kleines Polster.«

Wie schade, denkt Mareike sich.

In Emilies Alter sollte man doch fremde Länder erkunden und ein wenig herumreisen.

»Hey, ich muss los, meine *Dragonboat*-Mannschaft trainiert gleich. Ich wollte eigentlich nur schnell das Kleid zeigen. Heute Abend bin ich bei einem Baseballspiel meiner Schule. Wenn du magst, komm doch vorbei!«

»Das würde ich ja gerne, aber es regnet schon den ganzen Tag. Willst du dich wirklich in den Regen und die Kälte setzen?«

»Aber sicher! Ich bin doch nicht aus Zucker! Alle meine Freunde werden auch da sein und die Mannschaft ordentlich anfeuern. Das wird lustig! Melde dich, wenn du dich noch anders entscheidest.«

Und schon rast sie aus der Küche, mit einem seligen Lächeln auf den Lippen und ihrem riesigen Karton unter dem Arm.

Mareike macht sich ebenfalls auf den Weg nach draußen, um ihre restlichen Einkäufe aus dem Wagen zu holen. Auf dem Bürgersteig blinzelt sie. Das kann doch gar nicht sein – Guillaumes Auto ist weg! Um genau zu sein, sind alle Autos auf ihrer Straßenseite weg!

Was ist diesmal schiefgelaufen?

In der kurzen Unterhaltung hat Emilie im Grunde genommen die wichtigsten Punkte des kanadischen Bildungssystems erklärt, ohne dass Mareike dies verstanden hätte. In Québec geht man mit etwa 16 Jahren auf eine Art Oberschule, deren Abschluss für den Universitätsbesuch qualifiziert, das *Collège d'enseignement général et professionnel* (*Cégep* – Allgemein- und berufsbildende Schule). Das *Cégep* hat Emilie nun bald abgeschlossen und freut sich wie eine Schneekönigin auf den dazugehörigen Abschlussball, der allerdings nicht mit dem deutschen Abiball zu vergleichen ist. Ein so bedeutsames Ereignis wie ein US-amerikanischer Abschlussball ist Emilies allerdings auch nicht. Dennoch ist der Abschlussball auch in Kanada ein wichtiges Ereignis im Leben eines jeden Teenagers, zu dem entsprechend beeindruckende Kleider gehören. Dafür wird weitaus mehr Geld ausgegeben als bei unseren Abibällen.

Im Rest Kanadas heißt das *Cégep* wie in den USA *Highschool*, ist aber oft ein Jahr kürzer. Die meisten Schulen sind Ganztagsschulen, weswegen es eine größere Vielfalt an Kursen gibt und auch in deutschen Ohren so ausgefallen klingende Themen wie *Creative Writing* (Kreatives Schreiben) oder *Outdoor Activities* (Outdoor-Sportarten). Da mehr Zeit in der Schule verbracht wird, findet hier auch mehr soziales Leben statt. Alle Schüler sind in verschiedenen Vereinen, die die Freizeit bestimmen, sei es zum Sport machen oder zum Theater spielen. Dementsprechend groß ist auch das Zusammengehörigkeitsgefühl. Die Sportmannschaft der eigenen Schule oder später auch der Uni wird rege unterstützt – auch bei Regen und Schnee.

Das kanadische Schulsystem

Das Bildungssystem in Kanada unterscheidet sich in einigen grundsätzlichen Punkten sehr vom deutschen, in anderen ist es wiederum ganz ähnlich.

Das Bildungswesen wird von jeder Provinz selbst gestaltet, ähnlich wie es in Deutschland durch die Bundesländer geschieht. Dies hat große Unterschiede von Provinz zu Provinz zur Folge, aber im Allgemeinen ist das Bildungsniveau relativ hoch, zumindest wenn man den Ergebnissen der Pisa-Studie trauen darf.

Die schulische Laufbahn beginnt mit ungefähr sechs Jahren, wenn die Kinder eingeschult werden. Zuvor kann freiwillig ein Kindergarten besucht werden. Das Schuljahr erstreckt sich von Anfang September bis Ende Juni. Juli und August sind die Ferienmonate. Jede Schule hat ihr festgelegtes Einzugsgebiet, sodass man keine freie Schulwahl hat, außer man schaut sich nach privaten oder konfessionellen Schulen um. Die Gebühren für Privatschulen können allerdings leicht bis zu 1.500 Dollar monatlich betragen, was sich nicht jeder leisten kann. Prinzipiell ist das kanadische Schulsystem etwas durchlässiger als das deutsche, da die Schüler nicht schon nach der vierten Klasse nach Leistungen sortiert werden.

Neben den klassischen Schulfächern werden auch Kurse zum Werken, für Kunst, Musik, Theater oder zum Erwerb von Computerkenntnissen angeboten. Der Sport ist in jeder Schule in Nordamerika ein wichtiges Thema. Die schuleigenen Football-, Basketball- oder Lacrossemannschaften genießen eine hohe Anerkennung und bekommen viel Unterstützung der Schulgemeinschaft. Die Schulen sind grundsätzlich alle Ganztagsschulen, selbst in der ersten Klasse sind die Schüler oft bis 15 Uhr in der Schule.

Viele Schulen in den anglophonen Provinzen haben französischsprachige Zweige, sogenannte *French Immersion Programs*, in denen exakt derselbe Stoff vermittelt wird, nur eben auf Französisch. Die Ausstattung der Schulen ist im Allgemeinen sehr gut. So war es zum Beispiel viel früher als bei uns üblich, Computer im Unterricht einzusetzen. Inzwischen stellen die Schulen jedoch oft keine Computer mehr, sondern setzen voraus, dass die Schüler einen eigenen Laptop zur Verfügung haben.

Nach elf Jahren machen die Schüler in Québec ihren Schulabschluss, im Rest Kanadas nach zwölf Jahren. Bevor sie an einer Universität ein Hauptfach studieren können, müssen sie zunächst drei Semester Einführungsveranstaltungen belegen, die aus den verschiedensten wissenschaftlichen Disziplinen stammen. In Québec findet diese Orientierungsphase im *Cégep* statt und ist grob mit der Oberstufe in Deutschland vergleichbar.

Nach den Einführungskursen erhalten die Schüler ihr *High School Diploma*, in Québec ihr *Diplôme d'études collégiales (DEC)*. Es ist vergleichbar mit unserem Abitur und mit ihm können sich die Schüler an den Universitäten bewerben. Studienplätze in Medizin, Jura oder Ingenieurwissenschaften sind auch in Kanada schwierig und nur mit sehr guten Noten zu bekommen. Da die Schulsysteme der einzelnen Provinzen so unterschiedlich sind, kann es sein, dass der Eintritt in die Universität einer anderen Provinz schwieriger ist oder man sogar noch ein Vorbereitungsjahr absolvieren muss.

Wie inzwischen fast überall auf der Welt gibt es auch in Kanada Studiengebühren, und hier variieren sie von Provinz zu Provinz. In Québec sind sie noch relativ niedrig, werden aber stetig angehoben. Da es in Montréal recht angesehene Universitäten wie zum Beispiel die *McGill University* gibt, zieht die Stadt viele Ausländer, vor allem US-Amerikaner, an, die sich die wesentlich teureren Studiengebühren in ihrer Heimat sparen wollen. Trotz der vergleichsweise niedrigen Gebühren arbeiten die kanadischen Studierenden wirklich hart für ihr Studium. Die vier Monate Sommerferien werden oft genutzt, um genug Geld für das kommende Jahr zu verdienen. Und auch neben dem Studium arbeiten viele zumindest in Teilzeit. Dies führt dazu, dass es zum Beispiel als Austauschstudent schwierig sein kann, mit kanadischen Studenten in Kontakt zu kommen, da ihr Arbeitspensum einfach sehr hoch ist.

Das kanadische Universitätssystem

Die Universitätsausbildung gliedert sich in zwei Abschnitte: die *undergraduate studies (études de premier cycle)*, also das drei- bis vierjährige Bachelorstudium, und die *graduate studies (études supérieures)*, welche sowohl das Masterstudium als auch die Promotion umfassen.

Im Bachelor kann ein Hauptfach *(major/majeur)* gewählt werden und ein oder zwei Nebenfächer *(minors/mineurs)*. Zusätzlich gibt es an kanadischen Unis die Möglichkeit, sogenannte Zertifikatkurse zu speziellen Themen zu belegen. Diese dauern ein Jahr und können unter bestimmten Voraussetzungen auch in einen Bachelor integriert werden.

Die meisten Masterprogramme haben eine Regelstudienzeit von drei Semestern, aber die meisten Studenten brauchen länger. Man kann sich durchaus für einen Master in einem anderen Fach als seinem Bachelorfach bewerben, wenn man seine Wahl überzeugend begründen kann. Oft kann man zwischen einem berufsqualifizierenden Master und einem wissenschaftlichen Master wählen. Letzterer bereitet auf die Doktorarbeit und eine Laufbahn in der Wissenschaft vor. Die Übergänge sind hier aber fließend und ein Wechsel während des Programms ist durchaus möglich.

In den Städten, in denen besonders viel Schnee fällt, gibt es übrigens ganze Straßenzüge, wo nur zu bestimmten Zeiten auf der einen oder auf der anderen Straßenseite geparkt werden darf. Das hat damit zu tun, dass die Straßen regelmäßig geräumt werden müssen, was bei den Schneemassen nur geht, wenn die Autos nicht im Weg stehen. Im Winter kann man riesige Lastwagen beobachten, die Berge von Schnee aus der Stadt heraustransportieren. Dieser wird auf speziellen Lagerflächen außerhalb abgeladen und bildet im Laufe der Monate einen beachtlichen Berg, da der Schnee nicht so schnell schmilzt. Mareike hat Guillaumes Wagen auf der Seite geparkt, die geräumt wurde, und muss nun zusehen, wie sie ihn wiederfindet.

Was können Sie besser machen?

Man kann die ganze Aufregung um den Abschlussball als lächerlich abtun, sollte sich aber eher mitfreuen und die schönen Kleider bewundern! Viele kanadische Jugendliche haben nicht die finanziellen Mittel, um nach der Schule eine ausgedehnte Reise nach Europa oder auf einen anderen Kontinent zu machen. Für die meisten steht eher an, Geld in Kanada zu verdienen. Das sollte man respektieren und berücksichtigen, wenn man über Reisepläne spricht.

Zeigt man Begeisterung und Motivation für den Schul- oder Unisport, ist man auf dem besten Weg, sich die Kanadier zu Freunden zu machen. Sport verbindet – selbst als Zuschauer, und man kann auf diese Weise gut andere Leute kennenlernen und mit den Einheimischen näher in Kontakt kommen.

Dragonboat

Drachenbootfahren ist seit der Weltausstellung 1986 in Vancouver ein beliebter Sport in Kanada. Ursprünglich eine chinesische Sportart, haben die Kanadier sie sich schnell angeeignet und 1996 sogar mit ihrer Herrenmannschaft aus Toronto als erste Mannschaft außerhalb Asiens die Goldmedaille beim *Hongkong International Race* gewonnen.

Die Regeln für Drachenbootrennen variieren von Land zu Land, sodass man sich auf die lokalen Gegebenheiten einstellen muss. Zur Mannschaft gehören aber normalerweise neben den 20 Paddlern immer ein Trommler und ein Steuermann. Das Boot muss zudem einen Drachenkopf und einen Drachenschwanz haben. Bei einem Wettkampf gewinnt die Mannschaft, die einen Sprint am schnellsten zurücklegt. Die Distanz variiert dabei im Spektrum von 200 bis 1.000 Metern.

Überlegt man angesichts der teils niedrigen Studiengebühren, in Québec zu studieren, sollte man nicht versäumen, sich genau zu informieren: In den meisten Fällen gelten die niedrigen Studiengebühren nämlich nur für Einheimische. Kanadier aus anderen Provinzen zahlen etwas mehr und für Ausländer ist das Studium gleich um einiges teurer. Auch die Anerkennung von kanadischen Abschlüssen in Deutschland ist ein heikles Thema, vor allem in Fächern wie Medizin oder Jura. Hier gilt es, sich besonders gründlich zu informieren.

In jeder Straße in Montréal stehen Schilder, die verraten, zu welcher Tageszeit wo geparkt werden darf. Diese sollte man im Blick behalten, da sich die Zeiten durchaus gelegentlich ändern. Die heulende Sirene, die Mareike zuvor vernommen hat, war der Abschleppwagen, der durch die Straßen patrouilliert, bevor die Räumwagen kommen. So hat man noch eine Chance, sein Auto schnell wegzufahren. Verreist man oder ist man länger nicht vor Ort, sollte man Freunde bitten, das Auto gegebenenfalls umzuparken.

35 Wie man sich von Kanada verabschiedet

Blutiges Barbecue und überraschender Zoll

Manchmal würde Mareike die Zeit gerne anhalten. Den Moment genießen, alles stillstehen lassen und so tun, als würde sich die Welt nicht weiterdrehen. Fast ein ganzes Jahr war sie nun in Kanada, hat mit Bären gecampt, Schneestürme erlebt, kanadische Familienfeste gefeiert und viele Freunde gewonnen.

Heute ist ihr letzter Tag, und sie kann es kaum fassen. Etwas wackelig auf den Beinen hat sie sich auf den Weg zu Kims Wohnung gemacht. Guillaume hat sie untergehakt, weil er wohl zu spüren scheint, dass sie ein bisschen Unterstützung gut gebrauchen kann. Kim hat eine Barbecue-Party organisiert, um Mareike zu verabschieden. Es ist Samstag, Mareikes Abreisetag, aber ihr Flug geht erst um 21 Uhr. Und damit Mareike das Warten nicht zu lang wird, hat Kim beschlossen, alle Freunde und Kollegen von Mareike um zwölf Uhr zu sich zum Grillen einzuladen. So hat Mareike gar keine Gelegenheit mehr, um traurig zu sein. Es ist Ende Mai und die Sonne scheint nun immer kräftiger. Für Mareike ist es das erste Grillfest in diesem Jahr!

Bei Kim im Garten warten bereits die vielen Menschen, die Mareike im Laufe des Jahres kennengelernt hat. Sie begrüßt alle mit Küsschen, wie es in Québec üblich ist, und macht sich auf die Suche nach dem Grill, um ihre Würstchen loszuwerden. Noch liegt aber der typische Grillgeruch gar nicht in der Luft. Ist etwa der Grill noch aus?

»Kim, habt ihr den Grill etwa noch gar nicht an? Mein Magen knurrt schon furchtbar – das ist immer so, wenn ich aufgeregt bin … Und das dauert doch bestimmt noch ewig, wenn wir die Kohle erst jetzt anzünden.«

»Doch, doch, Vincent ist schon dabei!«, ruft Kimberley durch den Garten und zeigt auf ihren Freund Vincent, der vor einem riesigen Plastikkasten steht.

Mareike zögert – was auch immer das Ungetüm ist, ein normaler Grill ist das nicht.

»Mareike, komm her. Du kannst dein Fleisch schon drauflegen.«

Vincent winkt sie zu sich und öffnet den Deckel des Kolosses. Und tatsächlich – darunter versteckt sich ein Rost, auf dem bereits dicke Stücke Fleisch und einiges an Gemüse liegt.

»Oh, du hast nur Würstchen? Na, du musst doch auch ein ordentliches Steak bekommen. Hier, nimm das, das ist gerade fertig.«

Und schon hat Mareike ein sicherlich fünf Zentimeter dickes Stück pures Fleisch auf dem Teller. Eigentlich wären ihr die Würstchen lieber gewesen, aber sie will nicht unhöflich sein. Schließlich machen alle das ja nur für sie. Sie gesellt sich zu Kim, die bereits genüsslich an einem Maiskolben knabbert, der frisch vom Grill kommt, und schneidet ein Stück vom Fleisch ab.

»Iiiiih – wie ekelig! Das ist ja noch blutig!«, kreischt sie.

»Aber das ist doch gerade richtig so! Lecker! Sonst gib es mir!« Angewidert schiebt Mareike Kim ihren Teller rüber und holt sich ihre Würstchen vom Grill.

Der Rest des Nachmittags vergeht wie im Flug – viel, viel zu schnell. Ihre Freunde haben ihr ein T-Shirt mit Fotos aus ihrem Jahr in Kanada bedruckt und alle unterschrieben. Mareike ist gerührt und beinahe froh, dass sie irgendwann zum

Flughafen aufbrechen muss, sonst wäre es nicht bei der Träne im Augenwinkel geblieben.

Guillaume fährt sie, kommt aber nicht mehr mit in die Flughafenhalle, weil das Mareike zu sehr ans Herz gehen würde. Nach dem Check-in (Mareike muss 100 Dollar Gebühren zahlen, weil ihr Koffer nach dem Jahr natürlich viel zu schwer ist) und nach dem ganzen Security-Prozedere sitzt sie endlich in der Wartehalle an ihrem Gate.

Wenigstens hat sie ihren nagelneuen iPod dabei. Den hat sie sich noch an ihrem vorletzten Tag im Apple-Shop in Montréal zugelegt, weil ihr gesagt wurde, dass er dort um einiges günstiger sei als in Deutschland. Er ist pink und sie hat schon ihre sämtlichen Lieblingslieder hochgeladen. Mit dem passenden Soundtrack in den Ohren versinkt sie in Erinnerungen an das Jahr in Kanada und kann gar nicht glauben, dass sie in neun Stunden schon wieder auf deutschem Boden stehen soll.

Im Flugzeug schläft sie beinahe sofort ein, so müde ist sie vom Abschiedsstress der letzten Tage – und eh sie sichs versieht, ist sie in Frankfurt. Noch ganz benommen wankt sie durch die ewig langen Flughafengänge und hätte den Zollbeamten, der sich vor ihr aufbaut, beinahe umgerannt.

»Kommen Sie aus dem Flieger aus Montréal?«

Mareike muss erst einmal die Kopfhörer aus den Ohren nehmen und der Beamte wiederholt seine Frage: »Haben Sie etwas zu verzollen?«

Mareike schüttelt den Kopf: »Nein, nicht dass ich wüsste.«

»Keine elektronischen Geräte? Wo haben Sie denn Ihren MP3-Player gekauft?«

»In Kanada …«

»Dann muss ich Sie bitten, mir zu folgen.«

Und bevor Mareike versteht, was passiert, findet sie sich an einem Tisch des Zolls wieder und muss ihren Koffer auspacken.

Was ist diesmal schiefgelaufen?

Nach Eishockey ist der größte Nationalsport der Kanadier das Grillen! Barbecue ist ihnen heilig. Jeder hat einen Grill auf seinem Balkon oder im Garten stehen. Allerdings sind Holzkohlegrills weitaus weniger verbreitet als in Deutschland. Üblicherweise hat man einen riesigen Gasgrill, auf dem fast zu jeder Jahreszeit gegrillt wird. Auf den typischen Grillgeruch muss man dabei zwar verzichten, dafür ist die Handhabung einfacher und schneller.

Sehr gerne essen die Kanadier echte Steaks, und das durchaus auch leicht blutig – wie es der Feinschmecker eben mag. Ekeln muss man sich davor nicht. Wenn man es doch tut, sollte man darum bitten, es länger auf dem Feuer zu lassen, damit es ganz durch ist: *»I'd like my steak well done.«* – *»J'aimerais mon steak bien cuit.«*

Am Zoll ist Mareike in eine typische Falle getappt. Von elektronischen Geräten heißt es traditionell, dass sie in Kanada besonders günstig seien, was heute gar nicht mehr in jedem Fall stimmt. Besonders gerne werden Laptops oder MP3-Player in Nordamerika gekauft und mit nach Europa gebracht. In vielen Fällen sind sich die Reisenden nicht bewusst, was sie da tun, werden oft auch nicht kontrolliert und es passiert nichts.

Fakt ist aber, dass eingeführte Güter ab einem bestimmten Wert verzollt werden müssen. Und das macht die Einkäufe oft wesentlich teurer, als wenn man sie in Deutschland getätigt hätte. Der Zoll wird nun überprüfen, ob Mareike noch weitere Dinge aus Kanada mitgebracht hat. Wenn diese einen bestimmten Wert überschreiten, müsste sie theoretisch Zoll und Einfuhrumsatzsteuer zahlen.

Was darf man ohne Probleme mitnehmen?

Für den persönlichen Gebrauch gedachte Waren, die man auf Flugreisen mit sich führt, dürfen unter bestimmten Voraussetzungen abgabefrei nach Deutschland eingeführt werden:

- 200 Zigaretten oder 100 Zigarillos oder 50 Zigarren oder 250 Gramm Rauchtabak
- 1 Liter Spirituosen mit über 22 Prozent Alkoholgehalt
- 2 Liter Alkohol mit weniger als 22 Prozent Alkoholgehalt
- 16 Liter Bier
- 4 Liter nicht schäumende Weine
- andere Waren bis zum Wert von insgesamt 430 Euro (Reisende unter 15 Jahren: bis insgesamt 175 Euro). Hier zählt der Warenwert einschließlich der ausländischen Umsatzsteuer. Es lohnt sich, Belege aufzuheben, um den Warenwert belegen zu können.

Was können Sie besser machen?

Beim Gasgrill muss man darauf achten, wie stark die Flamme eingestellt ist. Oft unterschätzt man die Kraft des Feuers und das Fleisch oder das Gemüse verbrennt.

Kauft man zum Beispiel elektronische Geräte in Kanada, sollte man unbedingt darauf achten, den Freibetrag nicht zu überschreiten und ansonsten die Produkte beim deutschen Zoll zu melden und zu verzollen. Bei Überschreitung der oben genannten Wertgrenzen werden in Deutschland Einfuhrabgaben erhoben. Bei einem Warenwert unter 700 Euro kann man eine Pauschalverzollung veranlassen, die ca. 15–17,5 Prozent vom Warenwert beträgt. Bei Waren, die einen Gesamtwert von über 700 Euro haben, werden Zoll und eine Einfuhrumsatzsteuer fällig. Diese richtet sich nach der Art des Produkts. So zahlt man beispielsweise für Notebooks und Handys den EU-Steuersatz von 19 Prozent. Wenn keine Rechnung vorhanden ist, wird der Warenwert geschätzt.

Epilog

Etwas zwickt Mareike in die Nase.

»Guillaume, lass den Quatsch. Ich muss heute nicht ins Büro. Es ist Samstag. Lass mich schlafen.« Aber das Zwicken lässt nicht nach. Jetzt berührt sie etwas Feuchtes an der Wange. Erschrocken fährt Mareike hoch. Was war das? Schwarze Haare sind überall auf ihrer weißen Bettwäsche verteilt. Auf Mareikes rechter Hand sind kleine Kratzer. Keck sitzt Mareikes Mitbewohner auf ihrer Matratze und miaut herzzerreißend. Statt in Montréal in ihrer WG zu liegen, ist Mareike wieder in ihrer Wohnung in Frankfurt – und ihr Kater Max scheint heilfroh zu sein, sein Frauchen wiederzuhaben.

Fast ein ganzes Jahr war Mareike unterwegs, und noch immer träumt sie in einem Gemisch aus Englisch und Französisch. Mühsam rappelt sie sich hoch und geht in die Küche, um sich ein Glas Milch einzuschenken. Wie klein die Packungen hier doch sind! Mareike streicht sich über ihren blauen Fleck am Arm. Als sie in Frankfurt zum ersten Mal wieder in einen Bus eingestiegen ist, wurde sie beinahe von den wartenden Passagieren überrannt. Einen Sitzplatz hat sie auch nicht mehr bekommen. Stattdessen blieben ihr blaue Flecken von den Ellenbogen der anderen Fahrgäste.

Max streicht ihr um die Beine. Wie ihm wohl die kanadischen Wälder gefallen hätten? Ihr Kater schnurrt leise vor sich hin wie eine Wildkatze. Wer weiß, vielleicht ahnt er ja, welche Abenteuer Mareike im letzten Jahr erlebt hat.

Nachwort

Ein Buch, das sich mit Fettnäpfchen beschäftigt, muss sich zwangsläufig mit Klischees und Vorurteilen auseinandersetzen. Dass nicht alle Kanadier Ottawa langweilig, die *Québécois* schwierig und Fußball uninteressant finden, ist klar. Dass nicht alle Kanadier höflich, offen und tolerant sind, auch. Und dass nicht alle Deutschen so direkt sind, im Bus drängeln und schnell Auto fahren, ebenso. Die Wahrheit liegt immer irgendwo dazwischen – in der ganz persönlichen Erfahrung. Mareike hat hier ihre Geschichte erzählt, und Sie, liebe Leser, werden Ihre ganz eigene Geschichte im wunderschönen Kanada erleben. Und genau das zeichnet Reisen aus: das ganz persönliche Abenteuer! Aber wenn Sie doch einmal in vergleichbare Situationen schlittern, werden Sie vielleicht lächeln und an Mareike und ihre Fauxpas denken. Viel Vergnügen in Kanada!

Glossar

area code/ indicatif régional	lokale Vorwahl, die vor der persönlichen Telefonnummer gewählt wird und sich von Stadt zu Stadt unterscheidet
Boxing Day	26. Dezember, an dem alle Geschäfte die Preise stark heruntersetzen und ein dementsprechender Andrang auf die Einkaufszentren herrscht
Bring your own bottle/ Apportez votre vin	steht außen an Restaurants, wenn man seine eigenen alkoholischen Getränke mitbringen darf
caribou **(Karibu)**	nordamerikanisches Rentier
Cirque du Soleil	1984 in Montréal von den Straßenkünstlern Guy Laliberté und Daniel Gauthier als Zirkus mit Schwerpunkt auf einer Mischung aus Artistik, Theater und Musik gegründet; heute eine der erfolgreichsten Zirkuskompagnien weltweit
convenience store/ dépanneur	kleiner Kiosk, der von Bier und Wein über Süßigkeiten, Hygieneprodukte und Zigaretten bis hin zu einigen Lebensmitteln fast alles im Sortiment hat, allerdings für etwas höhere Preise; Achtung, Verwechslungsgefahr: In Québec heißen die *convenience stores* wie die Mechaniker in Frankreich, also *dépanneurs*.

cottage/chalet	Ferienhaus auf dem Land, oft aus Holz und im rustikalen Stil, in dem viele Kanadier ihre gesamte Freizeit verbringen
debit card/ carte débit	kanadische Geldkarte, mit der Geld vom Konto abgehoben und bezahlt wird; vergleichbar mit der EC-Karte in Deutschland
drug store/ pharmacie	Apotheke und Supermarkt in einem, oft in Kombination mit einem Postbüro
Eishockey	Nationalsport Kanadas, der bei den Kanadiern eine noch größere Rolle einnimmt als Fußball in Deutschland
First Nations	Bezeichnung für die Ureinwohner Kanadas, von denen es ca. 600 anerkannte und viele nicht anerkannte Gruppen gibt
fishing licence/ permis de pêche	Genehmigung, in den kanadischen Gewässern zu fischen, ohne die hohe Strafen drohen
ice wine/ vin de glace	süßer Dessertwein, der aus Trauben hergestellt wird, die gefroren geerntet und gepresst werden
Iglu	kleines Häuschen aus Schneeblöcken, das man manchmal auch für Übernachtungen mieten kann
insect repellents/ insectifuge	Insektenschutzmittel, das im Sommer in den kanadischen Wäldern sehr von Vorteil sein kann, um nicht völlig zerstochen zu werden
Lacrosse	Ballsportart mit Netzschlägern; ursprünglich ein Kriegsspiel, das von den Ureinwohnern Kanadas erfunden wurde; neben Eishockey der Nationalsport Kanadas
loonie, toonie	ein Dollar wird im kanadischen Englisch auch als *loonie* und zwei Dollar als *toonie* bezeichnet
Maid of the Mist	Boote, die Touristen ganz nah an die Niagarafälle heranfahren

Maiskolben	zarter Zuckermais wird von August bis Oktober geerntet und ist gekocht oder gegrillt eine Leibspeise vieler Kanadier
motoneige	motorisiertes kleines Fahrzeug auf Skiern, das in Québec von Joseph Bombardier erfunden wurde und heute auf der ganzen Welt verkauft wird
motorhome	nordamerikanisches Wohnmobil, oft so groß wie ein LKW und mit teilweise sehr luxuriöser Ausstattung
newfie	Einwohner Neufundlands, über den in Kanada ähnliche Witze gemacht werden wie in Deutschland über die Ostfriesen
pancake	nordamerikanischer Pfannkuchen, der klein, aber sehr dick ist und gerne mit ganz viel Ahornsirup verzehrt wird
poutine	Fast-Food-Spezialität aus Québec: Pommes frites mit brauner Soße und jungem Cheddar-Käse; gibt es in den verschiedensten Variationen, zum Beispiel mit Hackfleisch und Gemüse
Schneeschuhe/ *raquettes à neige/ snowshoes*	eine Art Mini-Ski für Schneewanderungen, die man sich unter die Winterschuhe schnallt und mit denen man weniger in den Schnee einsackt
Screech	Rum aus Neufundland
Second Cup	kanadische Variante von *Starbucks* mit ca. 360 Filialen landesweit und den verschiedensten Kaffeesorten
smoked meat/ viande fumée	geräuchertes Fleisch, das gerne in einem Sandwich gegessen wird; von osteuropäischen Einwanderern eingeführte Spezialität
squirrel/écureuil	Eichhörnchen, die nicht nur in Wäldern, sondern auch zahlreich in Nordamerikas Großstädten hausen und in den Parks reiche Beute machen; oft wesentlich dicker, dunkler und größer als Eichhörnchen in Deutschland

Stanley Cup/Coupe Stanley	bedeutendste Eishockeytrophäe weltweit, die jährlich dem Gewinner der Playoff-Spiele der *National Hockey League* verliehen wird
sugar house/ cabane à sucre	Holzhütten, in denen in Ostkanada traditionell Ahornsirup produziert wird; heute vor allem eine Touristenattraktion während der Ahornsirupernte im Frühjahr; einige Familien haben eigene *sugar houses* und stellen selbst Sirup her
Tim Hortons	große Fast-Food-Kette, die es in jedem Winkel Kanadas gibt; bekannt für Kaffee, Bagels, Donuts, Suppen und Sandwiches
Ultimate Frisbee	Sportart, die sich in Kanada in den letzten Jahren immer größerer Beliebtheit erfreut hat; wie Frisbee, nur im Team und mit dem Ziel, die Frisbeescheibe in den gegnerischen Bereich zu werfen
VIA Rail	kanadische Bahngesellschaft, die die größten Städte Kanadas verbindet; weitaus teurer als zum Beispiel die *Deutsche Bahn*; da das Streckennetz nicht so gut ausgebaut ist wie bei uns, fährt man in der Regel mit Bussen durchs Land
whale watching/ observation de baleine	Wale beobachten im Sankt-Lorenz-Strom oder vor der Küste Vancouvers
zodiac/zodiaque	mittelgroßes Schlauchboot, mit dem man aufs Meer herausfährt, zum Beispiel um Wale zu beobachten

Stichwortverzeichnis